Ihre Dokumente bitte!

Ihre Dokumente bitte!

**Von Angelschein
bis Zufahrtsberechtigung**

Geschichten
von tausendundeinem Ausweis

Aufgeschrieben und kommentiert
von Mathias Wedel

Ausgewählt und herausgegeben
von Thomas Heubner

Eulenspiegel Verlag

Für alle auf den folgenden Seiten abgebildeten Ausweise gilt:

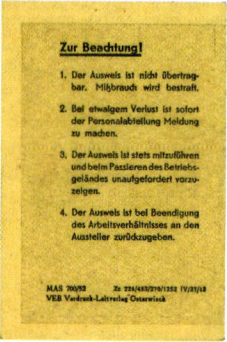

Zu Risiken und Nebenwirkungen lesen Sie bitte auch das Kleingedruckte oder fragen Sie Herrn Kaiser:

ISBN 3-359-00904-5

1. Auflage

© 1997 Eulenspiegel · Das Neue Berlin VerlagsGmbH & Co. KG
Rosa-Luxemburg-Str. 16, 10178 Berlin
Gesamtgestaltung: Jens Prockat
Druck und Bindung:
Salzland Druck Staßfurt GmbH

Inhalt

Prolog 7
Tafel I: Das wirkliche Blau 12

Kapitel 1: **Wegen der Ehre** 19
Wie Ida Greiner die Statistik rettete
Tafel II: Auf dem Weg ins Leben 24

Kapitel 2: **Freigeschwommen** 31
Wie Mia Polenke den Wissenschaftlichen
Kommunismus erreichte
Tafel III: Schneller, höher, weiter! 37

Kapitel 3: **Hat geklappt** 41
Wie Hubert Greiner ein Stasi wurde
Tafel IV: Für die Arbeiter des Kopfes und der Feder 47

Kapitel 4: **Leidenschaft und Erdbeerquark** ... 49
Wie Sonja Herklotz die Norm versaute
Tafel V: ... wenn dein starker Arm es will 56

Kapitel 5: **Der Aufklärer** 59
Wie Wilhelm Greiner in die Mühle kam
Tafel VI: Bau auf, bau auf! 66

Kapitel 6: **Der Grenzkonflikt** 69
Wie Karl Hehnlein sich schuldig machte
Tafel VII: Für das Leben lernen wir 75

Kapitel 7: **Die Heimat der Wöchnerinnen** 81
Wie Emmy Greiner zur Partei fand
Tafel VIII: Zum Kampf sind wir geboooren ... 87

Kapitel 8: **Im Nachgeschmack leicht aasig** 93
Wie Adele Mäder ein verlängerter Arm
des Regimes wurde
Tafel IX: Wo ein Genosse war, war die Partei 101

Kapitel 9: **Die Materie ist ewig** 107
Wie Pfarrer Steigleder Zwietracht säte
Tafel X: Republik der Konsumenten 115

Kapitel 10: **Schläge mit dem Heiligsten** 117
Wie Bernd Polenke seinen Hund mißbrauchte
Tafel XI: Vom schweren Neubeginn 123

Kapitel 11: **Das Naß, das dich trägt** 129
Wie Raimund Schüssler seiner Bestimmung folgte
Tafel XII: ... ist jeder zweite Herzschlag unsres Lebens 135

Kapitel 12: **Ein Mann kehrt heim** 137
Wie Andreas Wüstenhagen nicht nur das
Augenlicht verlor
*Tafel XIII: Von Rennpappen, Gehhilfen und
Asphaltblasen 144*

Kapitel 13: **Die Schwarzfahrt** 149
Wie Isolde Werner sich als demokratische Frau
erlebte
Tafel XIV: Von der Wiege bis zur Bahre 156

Fragebogen 160
Beilage: Antragsformular

Prolog

Prolog
zur 1. deutschsprachigen Auflage*

Nun also liegt der interessierten Öffentlichkeit ein solides, gleichwohl engagiert-geistvolles Kompendium der Ausweiskultur der DDR vor! Schmerzlich sind wir uns der Torsohaftigkeit dieses Unternehmens bewußt. Dutzende Ausweise sind der Nachwelt noch zu erschließen. Dennoch heilt der Verlag heute schon eine offene Wunde in der Forschungslandschaft. Lange, allzulange wollte es scheinen, als sollten ausgerechnet die Ausweisfreunde auf eine profunde Darstellung des abgeschlossenen Sammelgebietes DDR verzichten, während Philatelisten, Numismatiker, Heraldiker und Ordetiker längst ihre Trophäen in Sack und Tüten haben.

Die Ausweiskunde ist eben doch ein recht kompliziertes Gebiet. Um mit Tacitus sprechen, der über seinen Wehrpaß sagte: »Er ist mehr, als ein Büchlein in Plastehülle – er ist ein stückweit Teil meiner Seele.« Der Wissenschaftler wird beim Umgang mit den Dokumenten eines durchorganisierten Alltagslebens immer wieder von Emotionen in Form von Betroffenheit und Durst geschüttelt. Allzu nah – um nur ein Beispiel zu nennen – rückt uns das Schicksal der Frau Asta U. aus Dippoldiswalde, die uns aus dem Aufbauhelfer-Ausweis der

---

* Die russischsprachige Ausgabe für die Sowjetunion und die RGW-Staaten ist seit langem vergriffen; eine albanische Edition ist in Vorbereitung.

Nationalen Front eindringlich entgegenblickt, als wolle sie einen sorgsamen Umgang mit ihrer Identität erflehen. Zu sehr – um ein weiteres Beispiel zu nennen – bedrängt uns die Frage, was der Schüler Thomas H., den Monatsausweis der Leipziger Straßenbahn für die Linien 11, 13 und 15 im Ranzen, auf seinen täglichen Fahrten durch die Stadt gesehen haben mag und warum er auf seinem Paßfoto so widerständig aus der Wäsche lugt. Schließlich waren wir von der Ästhetik der Objekte – von der Grazie der Unterstempelung, der brachialen Aura des verwendeten Papiers, der buchbinderischen Eleganz der VP- und MfS-Klappkarten und von der Vollständigkeit der persönlichen Angaben – oft so beeindruckt, daß es uns den Atem nahm und wir unsere nunmehr siebenjährige Arbeit kurzzeitig unterbrechen mußten, um das eine oder andere Bier trinken zu gehen.

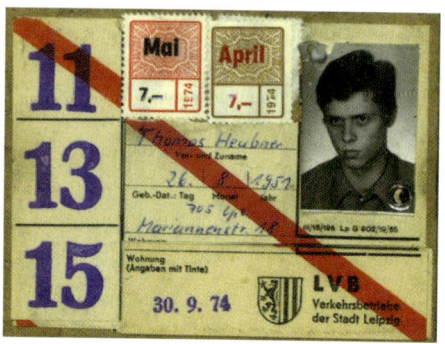

Mögen Politiker und Historiker über das Sammelgebiet urteilen, wie es ihnen frommt – aus unserer Sicht ist die DDR zu Unrecht untergegangen: Ein Gemeinwesen, das eine solch hochgradige Differenzierung von streng geschlossenen, halb offenen und fast offenen Räumen per Ausweis vornehmen konnte, das Kompetenzen und Befugnisse, Privilegien und Verdienste, ja selbst den Grad der ideologischen Reife des Ausweisträgers in wenigen Spalten präzise zu erfassen vermochte – solch ein Land stand wahrlich im Zenit seiner Zivilisation. Sowjetische Bürokratie und die deutsche Liebe zur Legitimation brachten eine Blüte des Dokumentenwesens hervor, wie sie in ihrer Artenvielfalt und ihrer Farbenpracht weltgeschichtlich wohl einmalig ist. Wehmütig ist zu konstatieren, daß wir nun nicht mehr erleben können, wie das weitergegangen wäre …!

Prolog

Insbesondere möchten wir den fachkundigen Ausweisfreund auf eine Feinheit aufmerksam machen, die wir mit Recht als unsere Entdeckung bezeichnen dürfen: die wechselseitige Bedingtheit von Ausweisen (in der Fachliteratur »Heubnersche Kette« bzw. »Wedelscher Bedingtheitsfaden« genannt). So war ein Schülerfahrausweis nur in Verbindung mit dem Studentenausweis, dieser wiederum zwingend nur in Verbindung mit dem Personalausweis und dieser wiederum ausschließlich auf der Grundlage des »Buchs der Familie« gültig. Ein Strandkorbausweis für den Silbersee in Bitterfeld war nichts ohne den entsprechenden Heimausweis des FDGB-Erholungsheimes »Otto Gotsche«, der wiederum nichts ohne den FDGB-Ausweis galt, der wiederum zu nicht viel berechtigte, konnte man nicht die Teilnahme an der »Schule der sozialistischen Arbeit« mit einem Nachweisheft belegen – usw. Hier zeigt sich, daß sich der Staat oft viel mehr gedacht hat, als das heute von Staaten gemeinhin zu erwarten ist.

An dieser Stelle ist es uns ein Bedürfnis, all jenen Ehemaligen zu danken, die unsere Forschungen erst möglich gemacht haben. Oft haben sie sich nur mit Rührung von ihrem Ausweis getrennt, und die Worte »Er ist ein Stück meiner Identität« hallten in uns nach, wenn wir mit unserer »Beute« um die nächste Ecke verschwanden. Für weitere Ausweisspenden bleiben wir dankbar. Insbesondere suchen wir:
– Einen Passierschein für die Grabpflege im Bereich der Selbstschußanlagen am antifaschistischen Schutzwall,
– einen Blutspenderausweis der Gruppe O, Rhesusfaktor positiv,
– eine Waffenkarte für die Panzerfaust (RPG) der Kampfgruppen der Arbeiterklasse,
– einen Teilnehmerausweis als »lebender Buchstabe« beim V. Turn- und Sportfest,
– einen Berechtigungsausweis zur Lieferung von Kar-

nickelfellen an die Kürschnerinnung Leipzig bzw. von Sauerkirschen an die Handelsorganisation Obst, Gemüse, Speisekartoffeln,
– eine Lesekarte zum Studium feindlicher Literatur,
– einen Ausweis für Platt-, Senk- oder Spreizfüßler zum Bezug orthopädischer Schuhe u. v. a.
Alle Neueingänge werden wir in einer der folgenden Auflagen berücksichtigen.
Dank auch den 123 Schmalkalderinnen und Schmalkaldern (Freistaat Thüringen), die uns in Interviews bei nassem Kuchen und Malzkaffee und in ihren unverwüstlichen Kittelschürzen über den Ausweisgebrauch Aufhellung gewährten und dabei so manches hübsche Detail ihres abenteuerlichen Lebens in der Diktatur preisgaben. Nicht selten waren sie uns dankbar, daß wir sie – soweit sie sich artikulieren können – zum Reden brachten, denn das Reden ist ein Teil der unverzichtbaren Trauerarbeit dieser Population. Selbstverständlich haben wir ihre Namen verändert –, aber was geschehn ist, ist wahrhaftig geschehn (was nicht geschehn ist, ist natürlich nicht geschehn).
Vielleicht ist unsere Systematik nicht in allen Details lupenrein – mag sein! Beckmesser mögen sich daran reiben! Sicherlich kann man darüber richten, ob das Verpflegungsheft für die Weltfestspiele der Jugend und Studenten einen Ausweis im strengen Sinne oder nicht vielmehr eine Berechtigungskarte (für 25 Wurzener Kekse, 1 Knacker und 1 Apfel) darstellt. Bei der Schwangeren- und Stillkarte dagegen haben wir den Ausweis in der DDR-typischen Mehrfachfunktion vor uns: Man ist etwas (schwanger), gibt etwas (Milch) und kriegt etwas (Stillgeld, Bezugsscheine für Windeln, Liebe der Gesellschaft etc.). – Sein, geben und nehmen – die eherne Triade der DDR.

Prolog

Zum Schluß möchten wir den bildungseifrigen Leser auf unsere Testfragen verweisen, mit denen er/sie seine/ihre Kenntnisse in der Ausweiskultur der DDR selber einschätzen kann. Richtige Antworten werden mit einem tollen Überraschungsgeschenk belohnt – dazu auf der letzten Seite des Bandes mehr.

Wohlan, das Werk, es ist getan! Mögen nachfolgende Generationen das ihrige tun!

Thomas Heubner   Dr. Mathias Wedel
am Tegernsee   auf Sylt

im August 1997

Tafel I
Das wirkliche Blau

Dem Personalausweis der DDR (siehe nebenstehende Abbildung!) wird heute schon in der Ausweisforschung ein besonderer Rang eingeräumt. Er ist – weltgeschichtlich einmalig – der einzige Identitätsnachweis, der den Staat, der ihn unterstempelte, um mehrere Jahre überlebte. Seine Gültigkeit endete per Erlaß des DDR-feindlichen Innenministeriums am 31.12.1995. Doch womit die Bonner Ultras nicht gerechnet hatten, das war die Liebe der Bürger zu ihrem Personalausweis! Sie wollten ihn nicht missen, denn er war mit seinem edlen Design und seiner praktischen Form, seinen vollständigen, jeder Geheimniskrämerei hohnsprechenden persönlichen Angaben, mit der universellen Personenkennzahl (PKZ) und mancher Spalte, die die Behörden für verschlüsselte Angaben über den Bürger nutzen konnten, eine unschätzbare Lebenshilfe. Sein Blau wurde zum Inbegriff für Blau, »das wirkliche Blau«, wie die Schriftstellerin Anna Seghers es einmal schwärmerisch nannte, das Blau des Himmels, der Meere, der Kornblume und der blauen Flecke, die sich Liebende in der Ekstase beibringen. Auf den hinteren Seiten enthielt er – als eingeklebtes Leporello – die Stempel der Grenzpassagen, die den DDR-Bürger als reisefroh und kontaktfreudig auswiesen. Nach der Grenzöffnung 1989 kamen sogar Stempel von den GüSt zur BRD hinzu. Ein Ausweis zum Blättern, der Geschichten aus einem schweren, aber keineswegs immer unglücklichen Leben erzählt. Als der Staat im Sterben lag, haben viele Leute ihren DPA mit großer Geste in den Rinnstein geworfen. In einigen österreichischen Auffanggemeinden an der Grenze zu Ungarn waren die Straßen blau. Die Reue kam bald. Zu groß war die Sehnsucht nach dem Büchlein, das einem sagen konnte, wer man ist. Denn es brachen Zeiten an, in denen man sich mehr als einmal fragen mußte, wer man ist. Als die Gültigkeit des Dokuments endete, kam es überall in Ostdeutschland zu spontaner Verweigerung. Die Regierung drohte mit Bußgeldern und sogar mit Beugehaft. Im Prenzlauer Berg in Berlin schloß sich eine Gruppe von Alkoholikern, von den Nachbarn solidarisch versorgt, in einen Keller ein und verweigerte die Herausgabe der Ausweise. Ein bekannter Berliner Verlag fälschte das Dokument und brachte es – reich illustriert – millionenfach in Verkehr. Auf einer Leipziger Meldestelle verbrannten mehrere Bürger demonstrativ ihre BRD-Kennkarten mit dem Bundesadler (wobei es zu giftiger Rauchentwicklung kam), nachdem ihr geliebter DPA auf brachiale Weise und unter dem Hohngelächter der Büttel des neuen Regimes als »ungültig« durchlöchert worden war und aussah, als sei auf ihn geschossen worden. (Ursprünglich sollten die DPA abgeliefert werden, später wurde diese Zwangsmaßnahme »gemildert« und die Bürger durften ihren Ausweis durchlöchert mit nach Hause nehmen.)
Die Dokumente auf dieser Tafel haben alle eines gemeinsam: Sie sind Sub-Ausweise zum DPA der DDR, also ohne ihn weder gültig noch in ihrer Schönheit und Bedeutung gänzlich zu erfassen.

Das wirkliche Blau

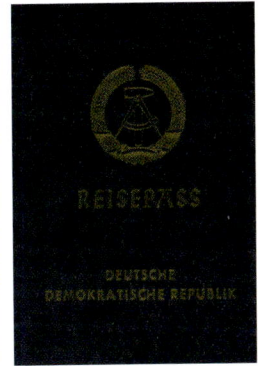

Das wirkliche Blau

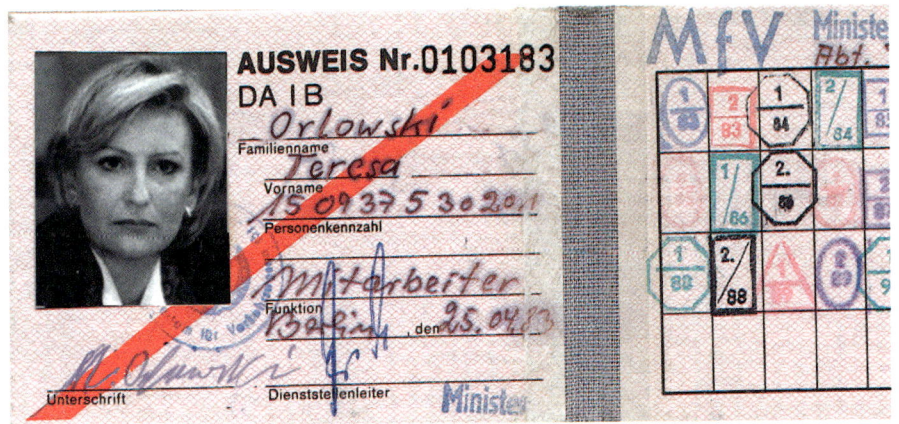

Tafel I

Impfschein

über eine der Verfügung vom 27. 1. 47 genügende

Typhus-Erstimpfung, -Wiederimpfung, Zurückstellung

(wegen ....)

Impfliste Nr. .... Impfbezirk ....

Polly Buster
Vor- und Zuname des Impflings

geb. am .... in ....

Erkner, am 23. MAI 1947 1947.

Unterschrift des Arztes

Dieser Impfschein ist aufzubewahren und auf Verlangen vorzuzeigen.

Berechtigungskarte Nr. 23

Gen./Genn. H. Wehner

Pasz - Nr.:

ist Bürger der DDR und berechtigt, das Dienstgebäude XENON-Haus der Botschaft der DDR in der Volksrepublik Moçambique zu betreten. Botschaft der Deutschen Demokratischen Republik in der Volksrepublik Moçambique

Maputo, ...
MAPUTO

Aktivist

Das wirkliche Blau

Passierschein G N° 631720

zum vorübergehenden Aufenthalt in der Sperrzone

Herr / Frau / Fräulein: Menzel (Name)
Achim (Vorname)

ist berechtigt, sich aus dienstlichen / privaten Gründen in der Zeit vom 26.02.70 bis 07.03.1970

in -Meng. Hämmern- (Ort und Kreis)

-Kreis Sonneberg-aufzuhalten.

Der Passierschein ist nur gültig in Verbindung mit dem Personalausweis Nr. XV 0 726 630

Mitgeführtes Kraftfahrzeug (pol. Kennz.) xxxxxxxxxxx

Hinweise auf der Rückseite beachten! Sonneberg, den 24.02.1970 (Unterschrift)

PM 108 (87/11) Ag 100/3690/68

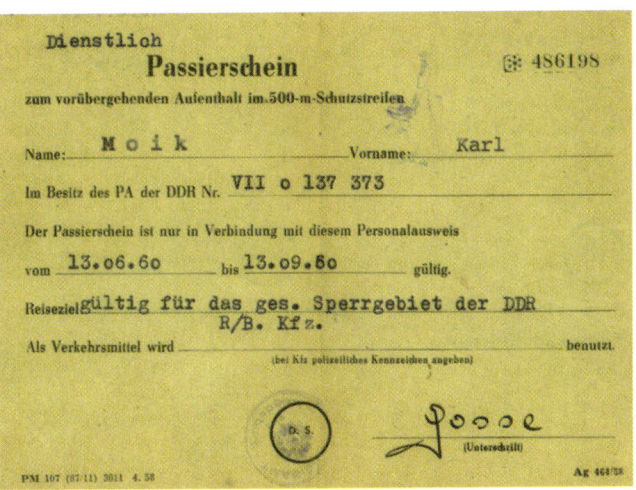

Dienstlich **Passierschein** № 486198

zum vorübergehenden Aufenthalt im 500-m-Schutzstreifen

Name: Moik Vorname: Karl

Im Besitz des PA der DDR Nr. VII o 137 373

Der Passierschein ist nur in Verbindung mit diesem Personalausweis

vom 13.06.60 bis 13.09.60 gültig.

Reiseziel: gültig für das ges. Sperrgebiet der DDR

Als Verkehrsmittel wird R/B. Kfz. benutzt.
(bei Kfz polizeiliches Kennzeichen angeben)

(D. S.) (Unterschrift)

PM 107 (87/11) 3011 4. 58 Ag 464/58

Das Ministerium für Auswärtige Angelegenheiten bittet, den Inhaber dieses Passes frei und ungehindert reisen zu lassen und ihm nötigenfalls Schutz und Hilfe zu gewähren.

Министерство иностранных дел просит пропускать беспрепятственно владельца настоящего паспорта и в случае необходимости оказывать ему всяческое содействие.

Le Ministère des Affaires étrangères prie de laisser passer librement le titulaire de ce passeport et, en cas de nécessité, de lui accorder aide et protection.

DDR

DEUTSCHE DEMOKRATISCHE REPUBLIK
ГЕРМАНСКАЯ ДЕМОКРАТИЧЕСКАЯ РЕСПУБЛИКА
RÉPUBLIQUE DÉMOCRATIQUE ALLEMANDE

DIENSTPASS
СЛУЖЕБНЫЙ ПАСПОРТ
PASSEPORT DE SERVICE

DDR

DP 118124

1

WOLF BIERMANN
Vor- und Zuname / Имя и фамилия / Prénom et nom

04. NOVEMBER 1938
Geburtsdatum / Дата рождения / Date de naissance

Dienststellung / Должность / Fonction
STELLV. ABTEILUNGSLEITER

DDR

2

Unterschrift des Paßinhabers
Подпись владельца паспорта / Signature du titulaire

BRAUN
Farbe der Augen / Цвет глаз / Couleur des yeux

KEINE
Besondere Kennzeichen / Особые приметы
Signes particuliers

DDR

DP 118124

3

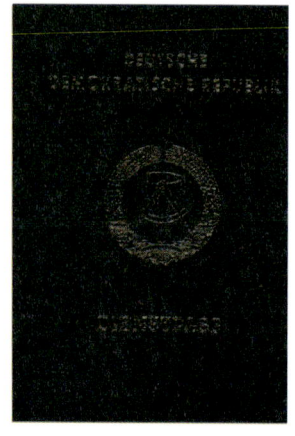

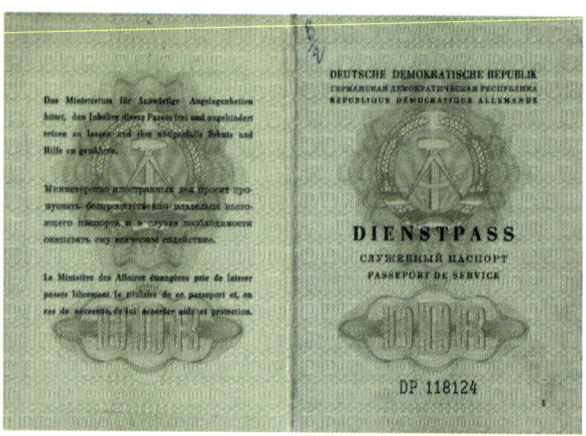

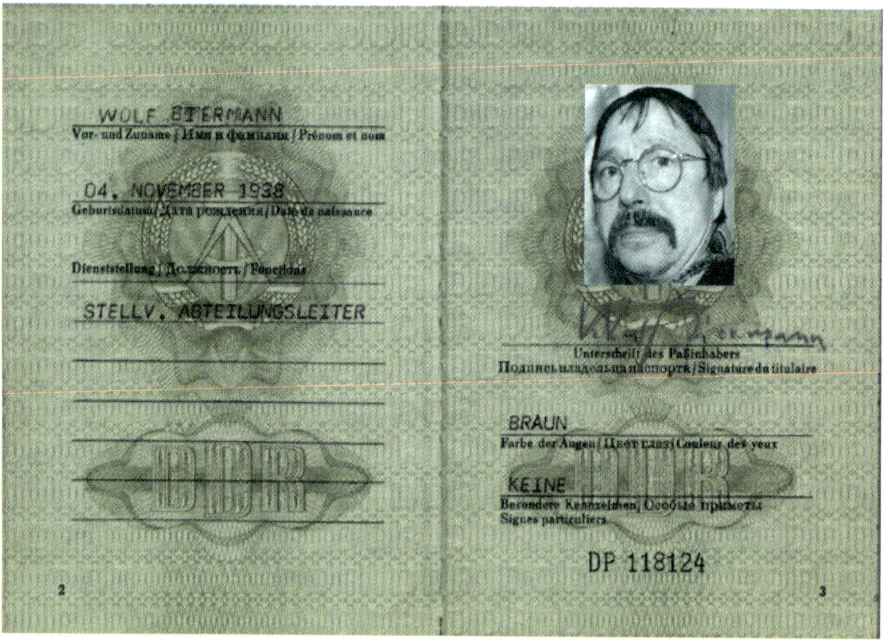

Wegen der Ehre

Kapitel 1

Wegen der Ehre
Wie Ida Greiner die Statistik rettete

Wer sie da hocken sah, hielt nicht für möglich, daß Ida jemals von ihrer Kohlenkiste aufstehen könnte. Sie saß, schob Holz nach und rührte die Suppe. Eines Tages würde sie einfach den Schlag aufheben, hineinkriechen und den Deckel über sich zufallen lassen. Eine Weile bliebe die Kiste dann aus Pietätsgründen verwaist, und dann säße selbstverständlich der nächstältere in der Familie, Wilhelm, ihr Bruder, darauf. *(Ja, richtig, Wilhelm, der irre Aufklärer der Nationalen Front – siehe Kapitel 5.)* Der war auch schon Rentner und ziemlich alt und las nur noch den »Eulenspiegel«, wegen der Mädchen von Kurt Klamann.

Ida wohnte auf der Kiste. Unendlich langsam, wie ein Uhu, klappte sie die Augendeckel auf und nieder. Das Interessanteste an ihr aber war der Kropf. Ein Prachtexemplar von einem Kropf! Der war so prall und groß wie ein Einkaufsnetz voller Kartoffeln. Wilhelm sagte immer: »Da sammelt die das Mittagessen drin und käut es bis zum Abend wider.«

Man hat sie nie ein Wort sagen hören, außer wenn sie murmelte »I muß ä moal pschörrn.« Dann zog sie sich am Herdgriff hoch, schleppte sich durch die Futterdiele

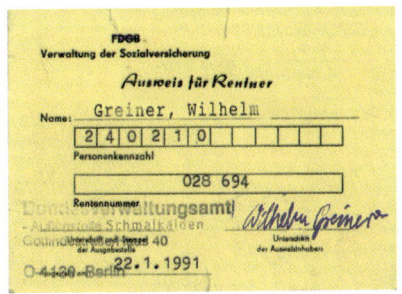

Seit Menschengedenken saß Ida Greiner auf ihrem Altenteil über den Sonne-Briketts. Aber wie reich war ihr Leben, seit die Kinder sie an ihren SERO-Schlachten teilhaben ließen!

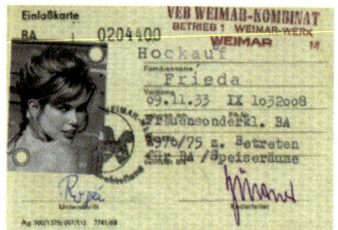

Ohne diesen Betriebsausweis wäre die Aktivistin Hockauf, Frieda, nicht allmorgendlich in die Schlüpferbude hineingekommen und hätte nicht jene formschönen Untertrikotagen schaffen können, in denen Marion Greiner ihren Kampf zur Gewinnung der Herzen der Jungen Generation führte. So einfach waren die gesellschaftlichen Zusammenhänge!

über den Hof zu Grete und Wanda, den Sauen. Sie hatte drei oder vier weite, dicke, schwarze, bodentiefe Bauernröcke an. Sie mußte nur leicht die Beine spreizen und in die Knie gehen, denn Hosen trug sie keine. Ein Sekundenhuscher hinterm Vorhang.

Marion, ihre Enkelin, hatte damals schon längst Schlüpfer an, aus dem VEB Untertrikotagen Oberlungwitz, denn sie war die Kreisvorsitzende der Pionierorganisation »Ernst Thälmann«. Bei allem, was man über die DDR denken mag – das wurde man nicht ohne Schlüpfer! Wenn Marion im Dorf nach ihrem Beruf gefragt wurde, sagte sie stolz: »Ich habe 624 Buben und Mädeln unter mir.«

»Ist das ein Beruf?« fragten die Leute.

»Ein Beruf der neuen Zeit«, antwortete Marion.

Marion hatte erstens viel zu dicke Oberarme und zweitens schrecklich viele Auflagen von der FDJ-Bezirksleitung in Suhl. Insbesondere war sie mit den Ehrenpionieren ins Hintertreffen geraten. Sie versaute die Stati-

Wegen der Ehre 21

stik. In Zella-Mehlis hatten sie schon fünf Stück davon, wollten aber keinen abgeben.
Auf dem Lande ist die Familie noch eine Solidargemeinschaft. Vor allem in Thüringen. Man hilft sich bei Hagel und Feuer und wenn die Kuh kalbt. Und jetzt war Marion in Not. Wegen der Statistik. Hubert, ihr Bruder *(eben der Hubert, der wegen Toilettenmißbrauchs in den Bau wanderte und später zum Täter wurde – siehe Kapitel 3)* brachte aus seiner MfS-Dienststelle einen Fotoapparat mit, und Ida wurde zum ersten Mal in ihrem Leben fotografiert. Erst zickte sie ein wenig, denn sie dachte, es sei für die Gestapo. Mein Gott, alte Leute bringen schon mal was durcheinander. »Oma, es ist wegen der Ehre!« schrie Marion in die Herddecke. Und Ehre zählt noch auf dem Lande. Ida konnte während der Prozedur sogar auf ihrer Kiste sitzenbleiben und verlegen mit den Beinchen baumeln, denn es war nur ein Paßbild nötig.
Verpflichtungen erwuchsen Ida aus ihrer Ehrenmitgliedschaft bei den Thälmann-Pionieren keine. Die politisch-hygienischen Gebote des Ordens – etwa: »Wir Thälmann-Pioniere halten unseren Körper sauber und stählen uns bei Sport und Spiel« – hatten im Laufe ihres Lebens an Bedeutung verloren. Nur einmal im Jahr mußte sie stillehalten. Da versammelten sich die Mädchen und Jungen, adrett gebügelt, um die Kohlenkiste, und der kleine Walter Holland-Moritz trug stolz die Flaschen-

Seinen MfS-Dienstgürtel herzuzeigen, das weigert sich der Stasi-Scherge Hubert Greiner bis heute. Vermutlich ist er blutbefleckt. Bürgerrechtler, verlangt Aufklärung!

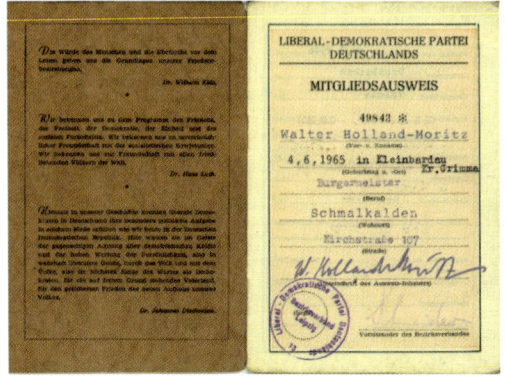

sammelergebnisse des Schuljahres vor. Die dicke Sonja Herklotz rezitierte das Gedicht »Hansjürgen steht am Schilderhaus und sagt zu dem Soldaten ...« Ida stand am Herd und winkte in die Ferne, wie sie es bei Wilhelm Pieck auf dem Transparent am Konsum gesehen hatte. Es sah aus, als wedele sie sich Luft in die Nasenhöhlen. Ihr prächtiger Kropf vibrierte ein wenig. Wenn es ihr aber zu lange dauerte, schlurfte sie los, um Grete und Wanda mit einem Huscher zu beglücken.

Währenddessen fraßen die Kinder ein Kuchenblech leer. Nur die dürre Mia Polenke *(eben die, die ein paar Jahre später bei ihrer Fahrtenschwimmerprüfung nicht entjungfert wurde – siehe Kapitel 2)* durfte nicht zulangen. Die mußte stehenbleiben und den Wimpel halten. Schließlich weilte man im Haus der Kreispionierorganisationsvorsitzenden!

Bei Idas Begräbnis – sie war eines Tages am Herd eingenickt, und als Marion von einem Gruppennachmittag zum Thema »Die Bonner Ultras mögen keine Kinder« aus Näherstille kam, war die Küche kalt –, bei ihrem Begräbnis sagte der Pfarrer Steigleder *(jener Steigleder, der sich bei der Jugendweihe an Ulbricht verging – siehe Ka-*

Der kleine Walter Holland-Moritz hat später eine große Karriere als Blockflöte gemacht. Leider ist er kürzlich mit seiner Partei der Besserverdiener aus dem Thüringer Landtag geflogen. Ein politisches Talent liegt nun unbeackert im Thüringer Wald herum.

Wegen der Ehre 23

pitel 9), in der Person der Frau Ida Greiner werde der einzige Ehrenpionier des Ortes vom Herrn abberufen. Da konnte Marion nur in sich hineinlächeln – Abberufungen von Ehrenpionieren waren im Statut ihrer Organisation gar nicht vorgesehen. Der Pionierchor sang »Heut ist ein wunderschöner Tag, die Sonne lacht uns so hell«. Dann warf der kleine Walter Holland-Moritz sein blaues Halstuch, das mit den drei Ecken die Einheit von Schule, Elternhaus und Pionierorganisation symbolisierte, auf den Sarg. Der sah verdammt wie Idas Kiste aus.

Viele, viele Jahre später fanden die neuen Besitzer beim Umbau des Hauses zu einer Vorstadtvilla im Bayern-Look die Greinersche Kohlenkiste. Darin klemmte noch Idas Ehrenpionier-Ausweis zwischen all den Zeichnungen von leicht bekleideten Mädchen, die der alte Wilhelm gesammelt hatte. Die Leute wußten natürlich nichts mit dem Ausweis anzufangen, denn sie kamen aus einem ganz anderen Land. Auf dem Paßfoto trug Ida den Pionierknoten recht flott überm Kropf gebunden. Da lachten die neuen Hausbesitzer und fanden, das habe doch was.

Wie das Halstuch gebunden wird

Abschlußfrage:
Was für einen Ausweis benötigte die alte Ida, um auf der Kohlenkiste zu wohnen?
A   eine Aufenthaltsgenehmigung des sowjetischen Stadtkommandanten
B   einen Bezugsschein für feste Brennstoffe (kein Koks!)
C   ihren DPA der DDR mit dem Eintrag der Adresse der Kohlenkiste

Tafel II
Auf dem Weg ins Leben

Kinder im Sozialismus hatten vierundzwanzig Stunden am Tage strahlende Äuglein (sogen. Kinderaugen), waren fleißig in ihren Lernbrigaden tätig, trugen blaue oder rote Tüchlein auf gewaschenen Hälsen und sangen aus eben diesen abwechselnd in deutscher und russischer Sprache »bud swjegda, budjet sonnze«. Sie hatten allen Grund zum Fröhlichsein und Singen, denn es gab nicht nur Milch und Honig hienieden, sondern auch – um mit dem Dichter Heinrich Heine zu sprechen – »Zuckererbsen für jedermann«; es gab nicht nur die Schlager-Süßtafel aus dem VEB Schokoladenwerke »Rotstern« Saalfeld (1 Mark Ost), sondern die Werktätigen hatten es in heldenhafter Anstrengung erreicht, jedes Kind mit mindestens einem eigenen Ausweis selig zu machen.

In der westlichen Welt dagegen, ... aber lassen wir das! Der Pionierausweis war das Leitdokument einer unbeschwerten Kindheit. Er enthielt kurzgefaßt die moralischen Gebote, u.a. jenes, daß man Mutter und Vater zu lieben habe, wovon eine beträchtliche Dunkelziffer von Eltern auch Gebrauch gemacht haben sollen. Dem Pionierausweis untergeordnet waren mindestens ein Dutzend Spezialausweise, von denen der Wimpelträgerausweis einer der begehrtesten war (er liegt hier nicht in Abbildung vor, da sich keiner der sieben Überlebenden des Systemwechsels, die ihn noch besitzen, von ihm trennen wollte). Die Reisefreiheit in nuce (in Nüssen) war der Kinderausweis der DDR, gewissermaßen der Paß für Unmündige. Ihn führten die Kinder mit, wenn sie in Begleitung von Erwachsenen, die nicht ihre Eltern waren, die Freundschaftsgrenzen zu den sozialistischen Nachbarn überschritten.

Heute sind all die Ausweisträger von damals zu tüchtigen Sozialschmarotzern, ABMlern, Vorruheständlern und Strafrentenempfängern herangewachsen. Einige von ihnen haben es sogar bis zu Raumpflegern in Büroetagen gebracht, dürfen als Versicherungsvertreter ein Handy mit sich führen oder in Wach- und Schließgesellschaften eine Deutsche Dogge begleiten. Mit Fug und Recht kann man sagen: Ihre Erziehung in Pionierorganisation und FDJ war das Unterpfand ihrer heutigen Erfolge.

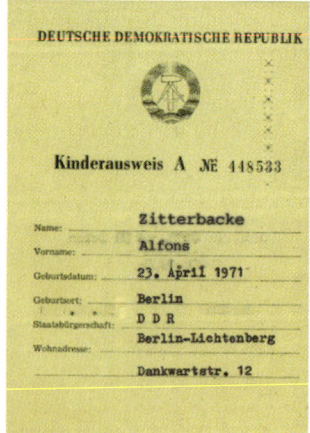

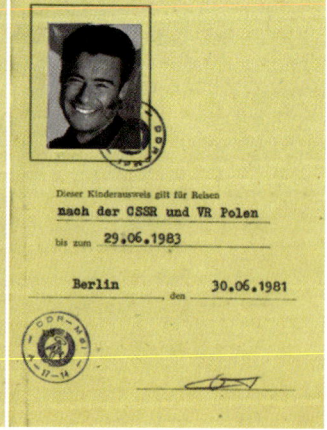

Auf dem Weg ins Leben

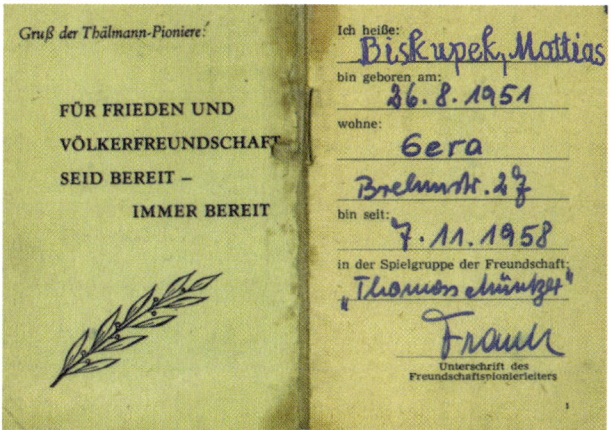

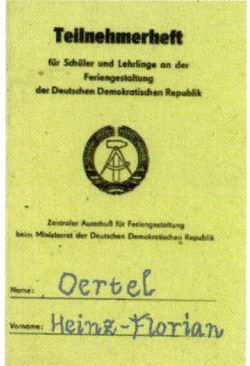
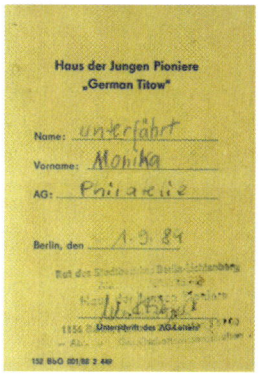

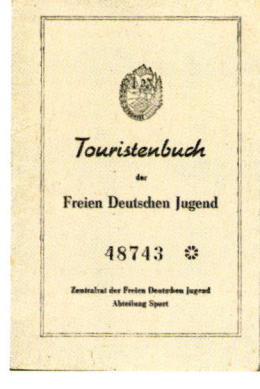

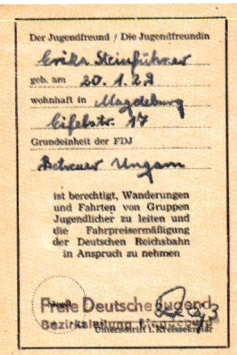  
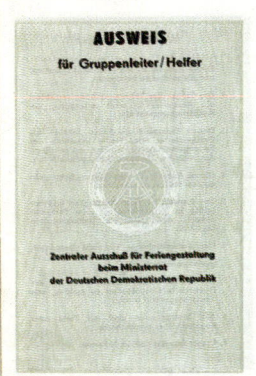  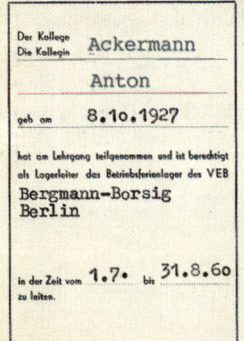

Auf dem Weg ins Leben

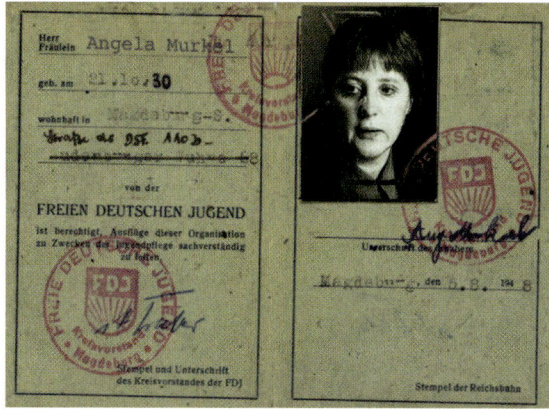
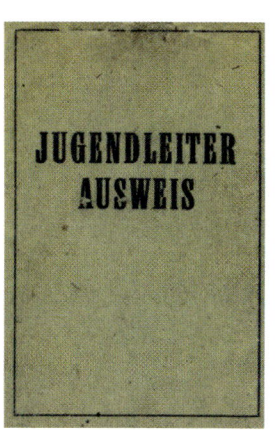

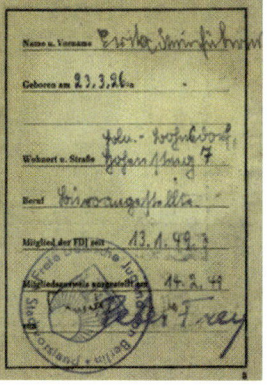

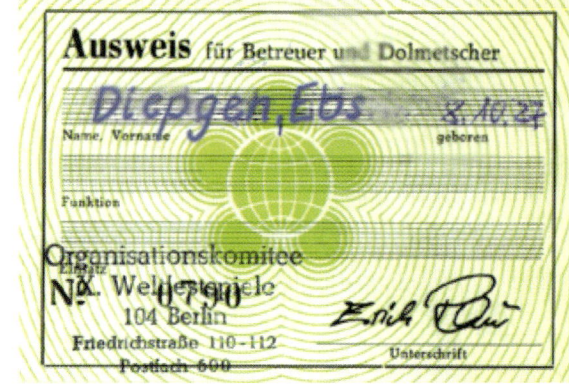
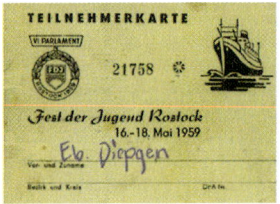

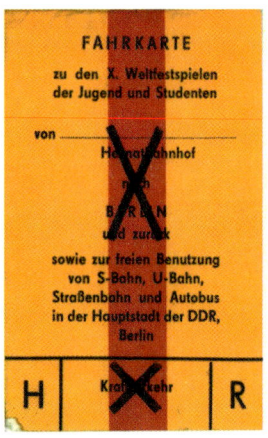
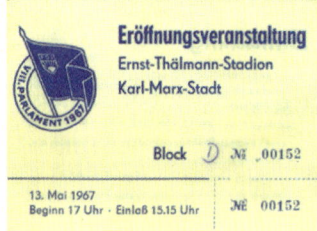

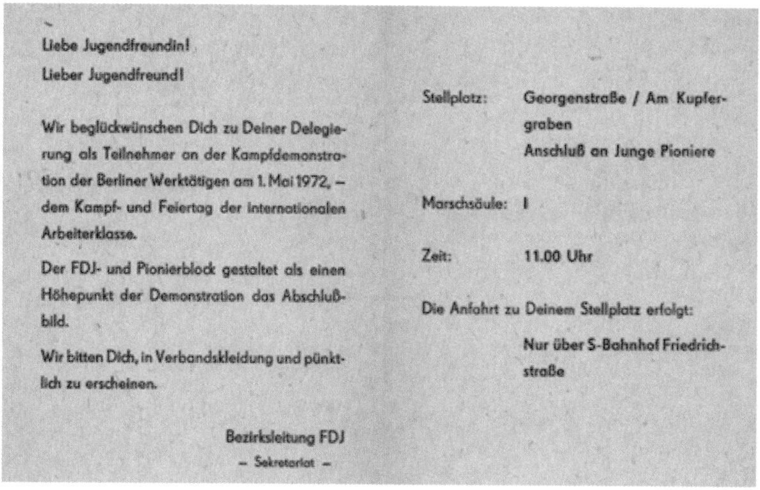

Auf dem Weg ins Leben

Liebe Jugendfreundin!
Lieber Jugendfreund!

Wir beglückwünschen Dich zu Deiner Delegierung als Teilnehmer an der Kampfdemonstration der Berliner Werktätigen am 1. Mai 1972, – dem Kampf- und Feiertag der internationalen Arbeiterklasse.

Der FDJ- und Pionierblock gestaltet als einen Höhepunkt der Demonstration das Abschlußbild.

Wir bitten Dich, in Verbandskleidung und pünktlich zu erscheinen.

Bezirksleitung FDJ
– Sekretariat –

Stellplatz: Georgenstraße / Am Kupfergraben
Anschluß an Junge Pioniere

Marschsäule: I

Zeit: 11.00 Uhr

Die Anfahrt zu Deinem Stellplatz erfolgt:
Nur über S-Bahnhof Friedrichstraße

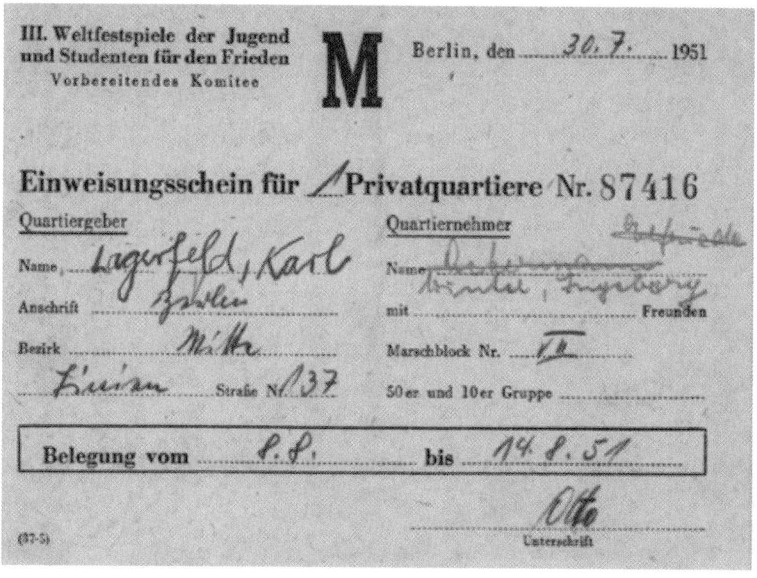

III. Weltfestspiele der Jugend und Studenten für den Frieden
Vorbereitendes Komitee

M

Berlin, den 30. 7. 1951

Einweisungsschein für Privatquartiere Nr. 87416

Quartiergeber
Name: Lagerfeld, Karl
Anschrift: _____
Bezirk: Mitte
_____ Straße Nr. 137

Quartiernehmer
Name: Winter, Ingeborg
mit _____ Freunden
Marschblock Nr. VI
50er und 10er Gruppe _____

Belegung vom 8.8. bis 14.8.51

Unterschrift

(87-5)

Tafel II

Kapitel 2
Freigeschwommen
Wie Mia Polenke den Wissenschaftlichen Kommunismus erreichte

Mia Polenke *(richtig, das ist dieselbe Mia, die einst in Idas Küche zusehen mußte, wie andere den Kuchen fraßen – siehe Kapitel 1)* wollte was aus ihrem Leben machen. Sie hatte drei Voraussetzungen dafür:

Erstens genoß ihr Papa, Bernd Polenke, hohes Ansehen als 1. Vorsitzender der Sektion Dienst- und Gebrauchshundewesen. Er war nicht nur Herrchen des reinrassigen Rottweilers Emil, sondern praktisch der Herrscher über den Abrichteplatz auf dem Wolfsberg, 432 Meter über NN, und verfügte sogar über einen eigenen Tresor, in dem die Papiere für die Staupe-Impfung und die Wurmkurnachweiskarten lagen. [1]

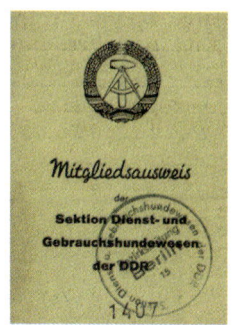

Zweitens hatte Mia bei den Flaschensammlungen mit Walter Holland-Moritz in der Pioniergruppe immer vorn gelegen. Sie war ungern zweite.

Und schließlich hatte sie sich vorgenommen, sich – zumindest beim ersten Mal – nicht ohne Gegenleistung hinzugeben. Das erste Mal, so hatte Jutta Resch-Treuwerth »Unter vier Augen« in der »Jungen Welt« aufgeklärt, war nämlich sowieso kein reines Vergnügen.

Mia war so gut auf der EOS (der Erweiterten Ober-

---

1 Nicht ein jeder wurde Mitglied bei den Gebrauchshunden. Nur wer sie im Geiste des soz. Humanismus und der Völkerfreundschaft erzog, konnte unseren vierbeinigen Freunden ein Vorbild sein.

schule), daß sie sich zweimal den Teilnehmerausweis zum Pfingsttreffen der FDJ – eine Art Vorläufer der heutigen Love Parade – in Berlin erkämpfen konnte. (Das Leben war Kampf, auch im Sozialismus! Wer etwas anderes behauptet, der ist nicht dabeigewesen.) Zum Pfingsttreffen wollten alle Mädchen mindestens einmal fahren, weil man

auf der »Insel der Jugend« in Treptow so unkompliziert wie nirgendwo seiner Jungfernschaft verlustig gehen konnte. Aber nicht so Mia! Sie ließ sich zur Zehnergruppenleiterin in der Schmalkalder Kreisdelegation einteilen und mußte abends zum Rapport beim Hundertergruppenleiter. Da ging es, politisch gesehen, um die politische Bedeutung des nächsten Tages und, inhaltlich gesehen, um den Inhalt der Verpflegungsbeutel. Und Mia konnte sagen, ich bin dabeigewesen! Außerdem fand sie, man sollte seine Unschuld nicht ohne ... – aber das ist ja bekannt.

2

---

2 Für solch ein FDJ-Verpflegungsmarkenheft wollte Mia Polenke, im Unterschied zu vielen Mitläuferinnen, nicht bis zum Äußersten gehen.
3 Auf diese Reichsbahnkarte reiste Mia Polenke zu ihrem Kadergespräch in die Bezirkshauptstadt Suhl, wo ihr der Wissenschaftliche Kommunismus wärmstens empfohlen wurde. – Ein Ticket in die Zukunft.
4 Ihr agitatorischer Impetus brachte Mia bei den in Frage kommenden Knaben den Ruf ein, auch in den entscheidenden Sekunden nicht die Klappe halten zu können. Stöhnen verbot sich für sie als Berufsoptimistin von selbst.

Freigeschwommen 33

Die Abiturprüfung rückte heran, un die Genossin Marion Greiner, inzwischen Sekretär für Studenten bei der Bezirksleitung Suhl der FDJ, bestellte Mia in die Bezirksstadt ein. »Mia, ich weiß, wie du zu unserer großen Sache stehst«, hub sie an, und Mia wußte komischerweise sofort, welche große Sache gemeint war. »Du hast immer den Wimpel gehalten. Du könntest es, wenn du mich fragst, bis zur Dozentin für Wissenschaftlichen Kommunismus schaffen, Mia.« Mia wurde warm: Gab es etwas Schöneres als den Wissenschaftlichen Kommunismus für Schmalkalden und umliegende Gemeinden? Sie wußte schon allerhand darüber. Im Kommunismus, sagte ihr Vater immer, würde sich an der Abrichtung der Dienst- und Gebrauchshunde im Prinzip gar nichts ändern. Aber das Bewußtsein der Abrichter würde wachsen, und jeder dürfe dann nach seinen Bedürfnissen. Und so was spüren die Hunde ...

Aber da war noch ein Problem: In Sport stand Mia glatt Vier. Denn sie konnte nicht schwimmen.

Traditionell sind die Thüringer (auch wenn sie sich, wie die Schmalkalder eigentlich für Franken halten) ein mangelhaft schwimmfähiges Volk. Allein im Schmalkaldischen Krieg sind am 16. April 1546 mehrere Dutzend Thüringer und zwei Frauen dieser Volksgruppe beim Durchwaten des hiesigen Sauteichs jämmerlich ersoffen. (Die Frauen waren beim Wäschewaschen und wurden mitgerissen.) Einer Analyse des Ministeriums für Volks-

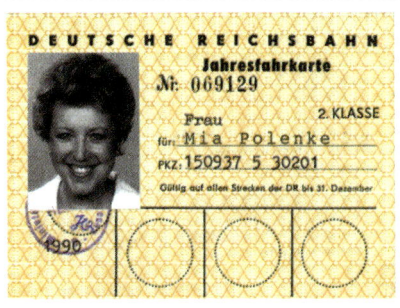

3

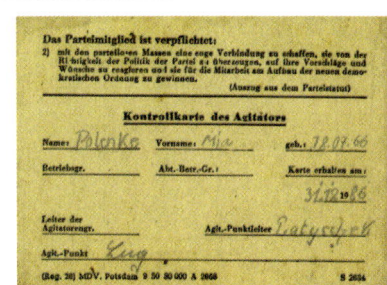

4

bildung Ende der 70er Jahre zufolge würden im Jahre 2002 aufgrund der nicht befriedigenden Ausstattung des Bezirkes mit Schwimmhallen und natürlichen beschwimmbaren Gewässern im nichtgrenznahen Bereich nur noch 15 Prozent der Werktätigen schwimmen können. Nur Eskimos schwimmen schlechter. Margot Honecker, unterstützt vom Amt für Jugendfragen sowie vom Minister für Nationale Verteidigung, soll getobt haben und forderte die Einführung des Brustschwimmens als Prüfungsfach.

Der Schwimmlehrer Schüssler in Schmalkalden *(jener Achim Schüssler, der später das edle Naß zwar kongenial, aber dissidentisch besingen sollte – siehe Kapitel 11)* setzte sich daraufhin umgehend an seine Promotion zum Thema »Fahrtenschwimmen der sozialistischen Persönlichkeit in Brustlage unter besonderer Beachtung der weiblichen Anatomie in Thüringen«.

Die Fahrtenschwimmerprüfung verlangte nach den Richtlinien von Frau Honecker »Dauerschwimmen von 45 Minuten«. So lange hielt es Mia nicht einmal in der Badewanne aus, ohne zu ersaufen oder zu unterkühlen. Sie fragte bei ihrem Vater an, ob er sie nicht vom Sport befreien lassen könne. Bei seinen Beziehungen zum Riesenschnauzer des Kreisschulrats! Polenke war außer sich:

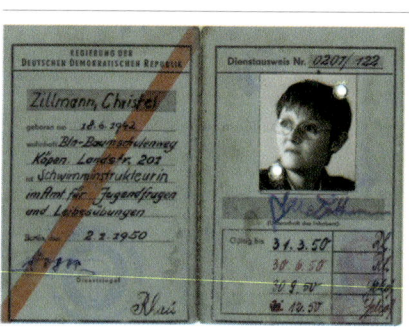

Freigeschwommen

Von seinen Hunden verlange er schließlich auch, daß sie den Wassergraben bezwängen. Mia war klar: Der Wissenschaftliche Kommunismus würde wohl ohne sie wahr werden müssen. Ihr Abitur würde u. a. daran scheitern, daß das Sommerbad in Schmalkalden, seit sie denken konnte, nie über 10 Grad warm gewesen war.
Doch Mia wollte was aus ihrem Leben machen!
Am Prüfungstag – die Klasse kämpfte schon im thüringerfeindlichen Element – zog sie mit geschicktem Griff den Schüssler ins Kampfrichterhäuschen und sich den Malimo-Badeanzug aus. Nein, sie wollte sich nicht verschenken, sie wollte geben *und* nehmen.
Für ein paar scheue Augenblicke widmete Schüssler seine besondere Beachtung der weiblichen Anatomie einer nichtschwimmfähigen südthüringer Brustschwimmerin. Dann brach ihm der Schweiß in die Trainingshose, und die Knie wurden ihm weich. Er wußte sofort, was von ihm verlangt wurde, und reagierte triebhaft. Wie ein Tier: In Trance schnappte er nach einem Frei- und Fahrtenschwimm-Zeugnisformular und füllte es aus mit fliegender Hand. Aber Mia wollte mehr. Sie wollte einen Stempel! In diesem Moment aber brüllte die dicke Sonja Herklotz *(die später im Urlauberbad Kühlungsborn so viel Aufsehen erregen würde – siehe Kapitel 4)* vom Becken aus um Hilfe – ein Wadenkrampf hatte sie gepackt –, sonst wäre der Betrug sogar amtlich unterstempelt worden.

---

9   Diese Genossin steht hier stellvertretend für alle, denen die Schwimmfähigkeit der Thüringer Jugend am Herzen lag.
10 Geschafft – und ohne feucht zu werden!

Viele Jahre später, nachdem Mia Polenke mancherlei aus ihrem Leben gemacht hatte, bewarb sie sich um eine ABM-Stelle zum Abfischen von Zigarettenkippen und Keksresten in der städtischen Badeanstalt Glauchau in Sachsen. Der Personalchef der Stadtwerke verlangte, neben Englisch- und Computerkenntnissen, ein Schwimmzeugnis. Für den Fall, daß die Putze beim Putzen ins Wasser fiele, müsse sie sich selbständig heraushelfen können, denn es herrsche Personalmangel. »Respekt, fünfundvierzig Minuten Fahrtenschwimmen!«, staunte er. »Na, keine Angst, so lange lassen wir Sie da nicht drin.« Die sind doch zäh, die Ossis, dachte er.

Mia Polenke kann übrigens, wie fast alle Thüringer – außer Roland Matthes –, noch immer nicht schwimmen. Aber sie ist fest entschlossen, aus ihrem Leben was zu machen. Und sich nicht ohne Gegenleistung hinzugeben.

Abschlußfrage:
Welchen Ausweis hätte Fräulein Sonja Herklotz vorzeigen müssen, wäre sie infolge ihres Wadenkrampfes ertrunken?
A   den Impfausweis
B   die abgestempelte Bescheinigung über den Austritt aus der FDJ
C   eine Tauchgenehmigung

Schneller, höher, weiter!

Tafel III
Schneller, höher weiter!

Walter Ulbricht war ein begeisterter Tischtennisspieler (und Gattin Lotte, knapp unter der Tischkante, eine ebenbürtige Gegnerin des Staatsratsvorsitzenden). Manchmal spielte er auch Netzball – was aus ideologischen Gründen Völkerball hieß. Dabei platzten ihm aber regelmäßig die Hosenträger von seiner Weitraumhose, so daß nur ein-, zweimal Fotografen zu solch einem Match zugelassen waren. Erich Honecker fuhr in der Jugend gern Rad, später genauso ausdauernd in einem Jeep zur Jagd. Und Erich Mielke war ein uneigennütziger Förderer des Fußballs, der sich für keine Rauferei auf Stadionrängen zu schade war. Die sportlichen Aktivitäten der Partei- und Staatsführung strahlten bis in jede Familie aus. »Jedermann an jedem Ort, einmal in der Woche Sport!« war das Motto, das diesen Staat zu einem der gesündesten in Mitteleuropa werden ließ. Wer gewisse körperliche Anstrengungen im Alltag meisterte – so beim Heranschleppen von Einkellerungskartoffeln, beim Frau-gegen-Frau-Kampf im Gemüseladen, wenn es Tomaten gab, beim Weitsprung über unergründliche Löcher auf Hauptverkehrsstraßen, beim Faustkampf um Rauhfasertapete oder auf der familienoffenen Trabant-Ralley von Karl-Marx-Stadt zum Zeltplatz nach Prerow – der konnte unschwer die Kriterien des Sportabzeichens der DDR erfüllen. Zwar konnte das Kampfziel, alle nicht bettlägerigen Werktätigen zu Trägern des Sportabzeichens zu qualifizieren, nicht mehr erfüllt werden. Aber nur deshalb nicht, weil 1989 eine beträchtliche Zahl von disziplinlosen Leuten anfing, ungenehmigte Massenwanderungen durch die Innenstädte zu veranstalten oder an der Grenze zwischen Ungarn und Österreich über Wiesen zu robben und über Weidezäune zu springen. Aber man kann sagen: Ohne den hohen Trainingsstand der DDR-Bevölkerung wäre es nie zur Wende gekommen.

Tafel III

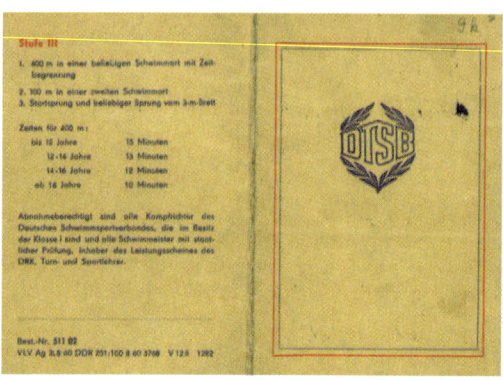

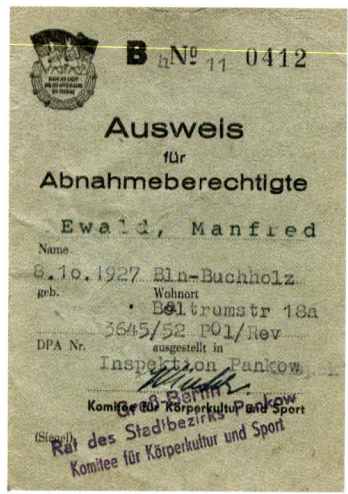

Schneller, höher, weiter!

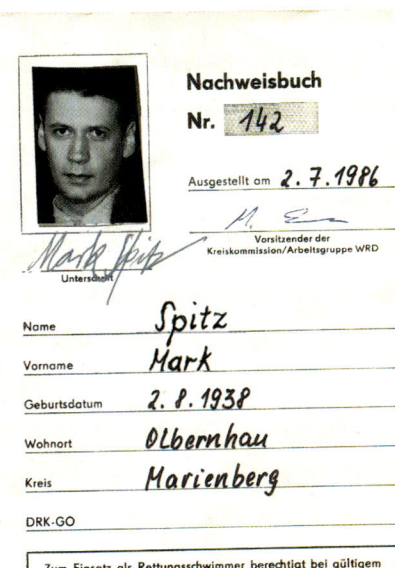

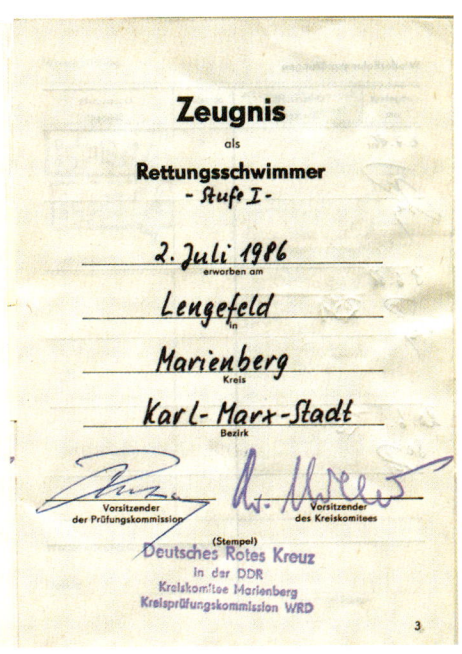

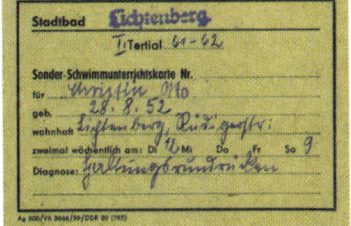

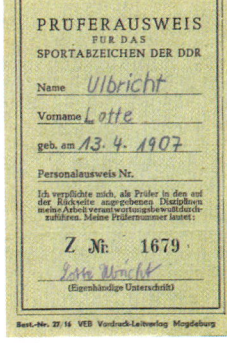

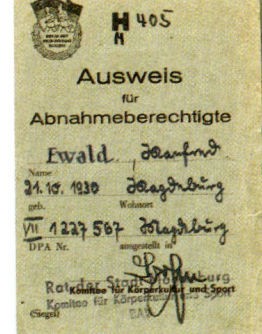

Tafel III

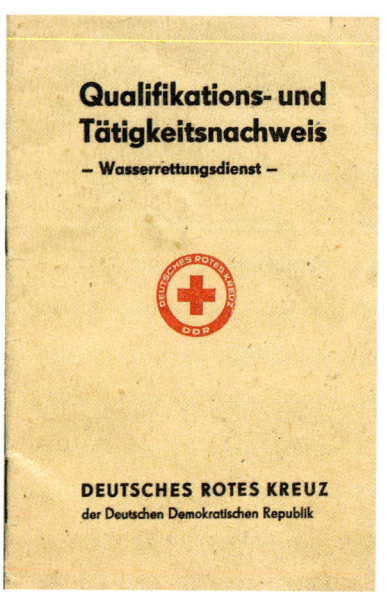

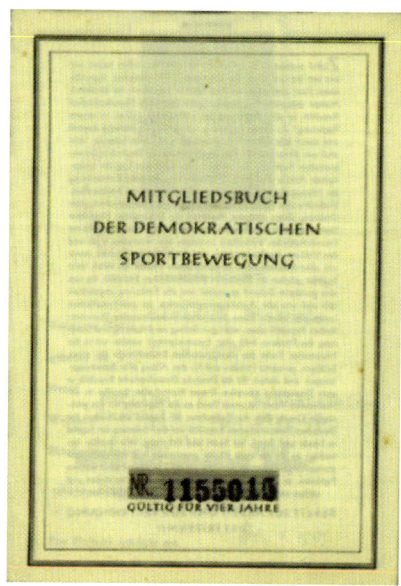

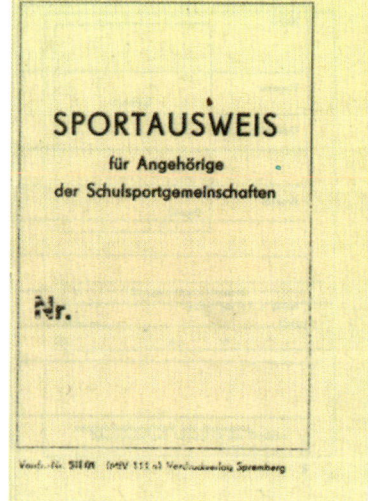

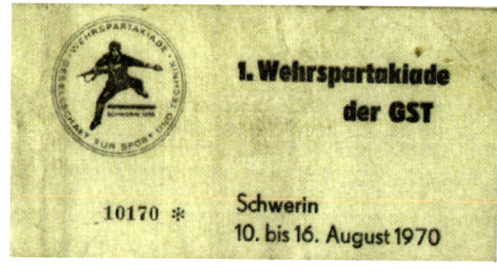

Hat geklappt

KAPITEL 3
Hat geklappt
Wie Hubert Greiner ein Stasi wurde

Die Sache ging ohne Aufsehen zu Ende. Am Schluß stand im »Freien Wort«, dem Organ der SED-Bezirksleitung Suhl, eine Notiz, der Angeklagte Hubert G. befände sich laut gerichtsmedizinischem Gutachten in der fäkalen Phase. Wo ist denn das, fragten sich die Leute. Das Urteil wurde nicht mitgeteilt.

Hubert – das Hubertle, wie Greiners Oma Ida sagte – war wirklich aus der Art geschlagen. Er war schnell, drahtig und gemein. Seine Schwester Marion hingegen dick, träge und lieb. Er war immer verschwunden, hatte immer eine andere auf der AWO[1] mit dem berühmten Hochsitz hocken und klaute seinen Eltern – dem anscheinend stummen Malermeister Karl Hehnlein und dessen zur Hysterie neigenden Lebensgefährtin Emmy Greiner – das Geld aus allen Zuckerdosen. Während Marion auf der Bezirksparteischule Lenin las, zwei Schritt vorwärts und einen zurück, brach er hinter der Stadt reihenweise in Gärten ein, ohne zu wissen, was es dort für ihn zu holen gäbe. Meistens ging er, aus purer Langeweile, nur auf den Abtritt – wenn er nun schon einmal da war. Langsam wurde das bei ihm zur Manie: Schloß knacken – und schon mußte Hubert kacken. Einmal wurde er erwischt,

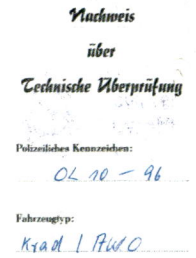

1 Legendäre 350-Kubikzentimeter-Vierzylindermaschine aus dem VEB Fahrzeug- und Jagdwaffenwerk Suhl/Thüring.
2 Wäre Hubert einfach nur ein netter Motorradsportler gewesen – die Verstrickungen mit dem System wären ihm erspart geblieben.

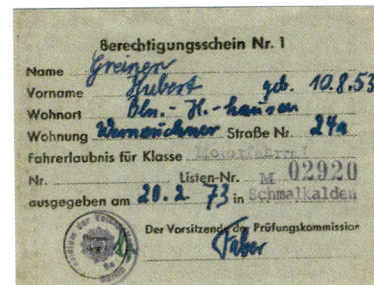

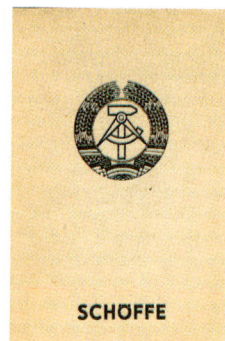

konnte aber sein dringendes Bedürfnis glaubhaft machen. Im Sommer 1976 ging in Schmalkalden ein Serientäter um. Er hatte es auf alte Frauen abgesehen. Und da die Population, wie bis heute fast durchgängig im Thüringischen, überwiegend aus alten Frauen bestand, fühlten sich prozentual viele als Opfer. Beim Bäcker Schmied, Haindorfsgasse/Ecke Auer Gasse, trafen sich die Geschädigten und Verängstigten, die alles wußten und alles ahnten oder alles gesehen hatten. Sie sahen sich alle schon mit durchdolchter Kehle vor ihren Beistellherden liegen. Schmied buk wunderbar scharfe Brötchen. Aber nicht deshalb blockierten die Damen den Laden: Er war erster Schöffe beim Kreisgericht und für die Schmalkalder die Institution in allen Rechtsfragen; Petitionsausschuß und Schiedsstelle und Konfliktkommission in einem. Seine Wirkung war sonderbarer Art, etwa wie die eines Schamanen auf juristischem Gebiet. Er kroch müde aus der Backstube herauf, sagte der rechtsuchenden KäuferInnenversammlung »Guten Morgen!« und schüttete die Brötchen vom Blech. Drehte sich um und fuhr wieder ein. Mehr nicht. Und doch gingen die Damen beschwingter heim mit ihren plastenen Semmelnetzen. Schmieds Anblick genügte ihnen, um wieder sicher zu wissen, was gut und böse ist. Im übrigen waren sie sich gewiß, daß bald ein Mord geschehen werde, und verabschiedeten sich mit den Worten: »Falls wir uns doch noch einmal wiedersehen.«

Hat geklappt

Hubert wurde im Café »Liebaug« gefaßt. Er hatte dort mehrere Nachmittage gesessen und junge Frauen zu »Vipa« animiert. (»Vipa« war ursprünglich ein Ersatz für Wein, als der auf dem Schwarzmarkt unerschwinglich war, eine mit Wein versetzte Limonade. Aus dem Surrogat wurde ein Original. Sie wurde in Schmalkalden für die ganze DDR in handtellerhohe, grüne Fläschchen, Vorläufer der »Piccolo«, abgefüllt. Ein edles Getränk, nichts für Trinker – was für Kenner.) Hubert trank und hielt Fensterreden, und weil er kein Geld hatte, die Zeche zu bezahlen, zog er einen kleinen Ausweis aus der Tasche. Die Mädchen kicherten und fanden den schwarzäugigen Jungen mit der dreisten Visage auf dem Lichtbild süß. Neben dem Foto stand: »Der Inhaber dieses Ausweises ist ermächtigt:« Die Zeilen unter dem Doppelpunkt waren noch frei. Hubert diktierte sich lauthals folgenden Text: »Der Inhaber dieses Ausweises ist ermächtigt, im Café ›Liebaug‹ sämtliche Getränke kostenlos zu verzehren und Damen seiner Wahl dazu einzuladen.«
Der Wirt lachte herzhaft und servierte eine »Vipa«-Runde, ging nach hinten und rief die Polizei. Hubert wollte, als der ABVer (Abschnittsbevollmächtigter, vergleichbar mit dem heutigen KOB) Niedergesäß anrückte, diesem einreden, daß er im Dienst sei, und zückte seine Klappkarte, die ihn als seinen freiwilligen Helfer legitimierte. Niedergesäß las das darauf eingetragene Ermächtigungsgesetz, lachte ebenfalls, verbot Hubert, ihn zu duzen, und nahm ihn, damit er nicht noch weitere Runden bestellen konnte, mit.
Auf der Wache muß sich Hubert, um wieder auf die Straße zu kommen, erboten haben, rasch mal den Serientäter ranzuschaffen, über den die ganze Stadt sprach. Er kenne ihn, nicht schlechthin nur persönlich, sondern intim sogar. Da wachte Niedergesäß doch auf und telefonierte vorsorglich mit seinem Chef.

Der Prozeß war ein paar Wochen später, und es wurde eng für Hubert. Das heißt, es wurde politisch. Er wurde aus der U-Haft zugeführt. Ein Dutzend alter Damen, erleichtert und enttäuscht, einem Meuchelmord knapp entronnen zu sein, sagte bei Gericht, ein junger Mann, der diesem freiwilligen Helfer der Volkspolizei mit den kirschschwarzen Augen und dem frechen Gesicht verblüffend ähnele, sei an ihrer Tür erschienen, habe seinen Ausweis hochgehalten und dringend erbeten, die Toilette benutzen zu dürfen, bevor ihm Ungemach widerfahre. Hubert hatte auf diese Weise so ziemlich alle Altedamenklos der Stadt kennengelernt, treppauf, treppab. Dafür gab's den Herabwürdigungsparagraphen. Herabwürdigung eines Machtorgans der Deutschen Demokratischen Republik. Volkspolizisten klingeln nicht bei alten Damen, um aufs Klo zu gehen. Der Rest war Hausfriedensbruch und Sachbeschädigung. Hubert verließ nämlich nie den Ort seiner Einkehr, ohne sämtliche greifbaren Parfümerien in den Lokus zu gießen. Besonders beklagt wurde der Verlust von – in der Summe – anderthalb Litern »4711«. Dieses Eau de Cologne war nämlich besonders wertvoll, weil nur privilegierte DDR-Bürger es im Intershop, in der Versorgungseinrichtung des Ministerrats oder im Bettenhaus der DDR-Botschaft in Moskau kaufen konnten.

Der Gerichtsreporter vom »Freien Wort« hatte den Begriff »fäkale Phase« auch zum ersten Mal gehört. Vor-

Nicht alle VP-Helfer haben eine unselige Entwicklung genommen. Da müssen wir differenzieren! Viele von ihnen jagen heute erfolgreich Asylanten oder denunzieren Schwarzarbeiter. Die Demokratie hat ihnen eine neue Chance gegeben.

Hat geklappt

sichtig nannte er sie deshalb »eine besonders abscheuliche Perversität, die nicht mehr in unsere Zeit paßt«. Die Schmalkalder waren entsetzt, jemanden mit einer solchen Phase unter sich zu haben. Einer schrieb über Nacht ans Schaufensterrollo vom Bäcker Schmied »Todestraffe!!« – und zwar so, wie es hier geschrieben steht.
Das war sozusagen eine Bestellung beim Schöffen Schmied, so wie man beim Bäcker desselben Namens eine Torte auf den Samstag bestellt.
Hubert, der Herabwürdiger, wurde für ein paar Monate nicht im Weichbild der Stadt gesehen. Seine Schwester Marion Greiner gab an, er sei bei der Armee und sogar schon befördert worden. Bei Greiners wurde einfach nicht mehr über ihn geredet. Über Wanda, die Sau, die letzte Weihnachten geschlachtet worden war, sprach ja auch niemand mehr. Mit Hubert verschwand außerdem eine gewisse Isolde Werner vorübergehend aus Schmalkalden, ein blasses, dünnes Mädchen, das zuletzt auf Huberts AWO vor dem Café »Liebaug« gesehen worden war. Sie war Sekretärin im Volkspolizeikreisamt gewesen. Als Hubert zurück war, hatte er bald wieder eine Klappkarte. Allerdings war der Stempel von einer anderen Firma. Seine Kumpel in Messerschmidts Bierhalle frotzelten: »Vergeß dein Ausweis net, wenn de sesche gehst!« Auch sie nahmen – wie sie sicherlich heute unter dem Druck der Enthüllungen selber eingestehen – die Existenz der Firma, die Huberts neuesten Ausweis unter-

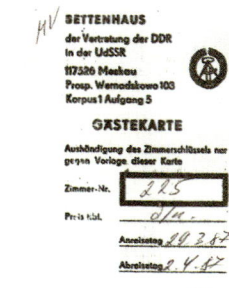

1 Für »4711« lohnte es sich, Karriere zu machen. Aber auch für Fruchtzwerge. Oder Slipeinlagen: Das Volk war tief gespalten – in welche mit und welche ohne ...

2 Das »Freie Wort« hatte Persönlichkeiten in seinen Spalten, die schon in ihrem Blick den Blick für das Wesentliche hatten. Wir haben das Gesicht des Autors durch einen Bart unkenntlich gemacht, da er inzwischen auf führender Position in der Chefredaktion tätig ist.

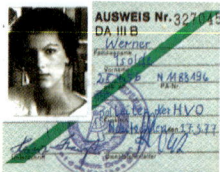

Isolde Werner: ob sie es war, die Hubert Greiner widerrechtlich und aus purer sexueller Hörigkeit mit einem VP-Helfer-Ausweis austattete?

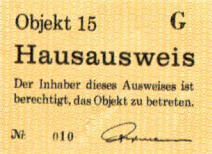

Hier einige Ausweise, derer sich Hubert Greiner bei der Unterdrückung des Volkes bediente. Er ging sogar in Markus Wolfs Imperium ein und aus.

stempelt hatte, zu leicht. Aber womöglich lag das daran, daß Hubert sehr beliebt war. »Der hat nix Gscheits gelernt«, hieß es über ihn, »aber das, was er net kann, hat Zukunft.«

Viele Jahre später war Hubert sich nicht im klaren, ob er eher »Opfer« oder »Täter« war. Man habe ihn nach der Geschichte mit seiner ersten Klappkarte zur Annahme der zweiten Klappkarte regelrecht erpreßt, gab er an. Neulich, als der Bundeskanzler in der Hauptstadt eine Rede halten sollte, ist Hubert, voller Hochachtung für den Mann, nach Berlin gereist und hat probiert, ob er mit der Klappkarte dieser doch sehr verbrecherischen Firma zum Kanzler ins Schauspielhaus am Gendarmenmarkt durchkommt. Es hat geklappt, behauptet er. Aber bei Hubert weiß man nie so genau.

Jedenfalls ist er jetzt in irgendeiner anderen Phase.

Abschlußfrage:
Mit welchem Ausweis hätte Hubert Greiner die Gartenanlage »Fortunas Horn« auf dem Schmalkalder Grasberg durchaus auch auf legale Weise betreten können?
- A mit dem Ausweis des Verbandes der Kleingärtner, Kleintierzüchter und Siedler
- B mit dem Berechtigungsnachweis für Tbc- und Lungenkranke
- C mit dem Dokument für Verfolgte des Naziregimes

Für die Arbeiter des Kopfes und der Feder

Tafel IV
Für die Arbeiter des Kopfes und der Feder

Mit Presseausweisen für Journalisten in der DDR wurde man praktisch nirgendwo hereingelassen, es sei denn, man war angemeldet, sicherheitsüberprüft und hatte einen speziellen Passierschein. Mit dem Presseausweis bekam man auch keinen Rabatt bei Quelle, weil es Quelle noch nicht gab. Mit dem Presseausweis kam man aber auf jeden Fall in die Kantine des Rundfunks in der Nalepastraße, wo es ausgezeichnete Soljanka und – wenn der Rundfunkchor zu Mittag speiste – einige nette Damen gab. Außerdem konnte man Mitglied der Journalistenklubs in den Bezirksstädten werden, die Wernesgrüner Pils vorhielten.

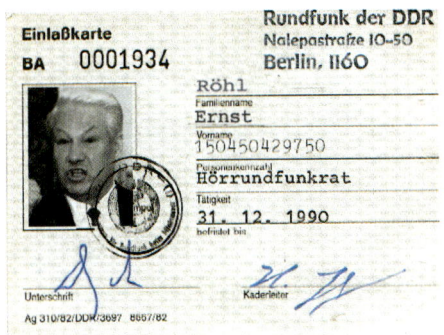

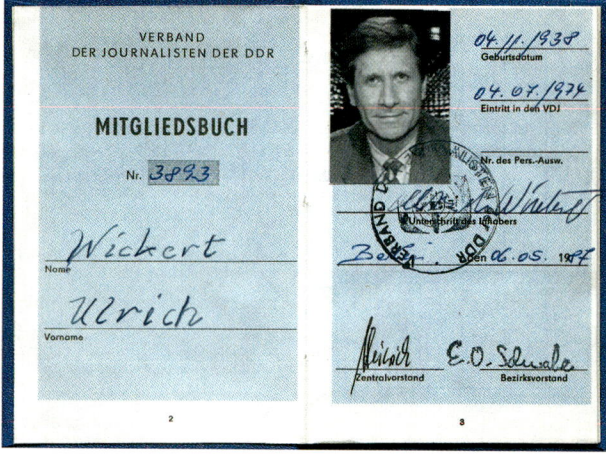

KAPITEL 4
Leidenschaft und Erdbeerquark
Wie Sonja Herklotz die Norm versaute

In der Hausordnung des FDGB-Erholungsheims Kühlungsborn, die im Treppengang im Rahmen hing, stand kein Wort über Sex. Das kam Sonja Herklotz *(man erinnere sich an jene dicke Sonja, die bei Dr. Schüssler in der Schwimmprüfung rechtzeitig einen Wadenkrampf bekam – siehe Kapitel 2)* später zugute, als sie vor der BGL (Betriebsgewerkschaftsleitung) über ihr Fehlverhalten Rechenschaft abzulegen hatte. Lediglich von den »Normen des sozialistischen Gemeinschaftslebens« war dortselbst die Rede. Aber wer wußte schon, was das war, wenn es konkret wurde? Für Sonja Herklotz war jedenfalls die Norm konkret zweimal in der Woche. Darauf hatte sie sich eingepegelt, seit sie 13 war und Georg Hartdraht sie in der Jugendherberge Ebertswiese in der Besenkammer nahm.

In Kühlungsborn waren die Normen des sozialistischen Gemeinschaftslebens härter als anderswo. Schließlich war das hier eine Nahtstelle (um nicht »Scheidelinie« zu sagen) zur NATO, wenngleich eine wäßrige. Zudem war die Ostseeküste touristisches Vorzugsgebiet, es gab »Exquisit«-Angebote auf dem Ferienmarkt (der Westleser, dieses – na Gott, naja – ungebildete Wesen, muß damit leben, daß er nicht weiß, was »Exquisit« für uns bedeutete). Die Ferienkommissionen in den Betrieben hatten lange über die Antragsteller nachgedacht, bevor sie sie an die Ostsee delegierten. An der Küste konnte man schon verlangen, daß nicht schlechthin hervorragende, sondern verdienstvolle Werktätige den Sommer bevölkerten. Sie waren gewissermaßen aus der »Straße der Besten« auf die Strandpromenade herabgestiegen. Wenn diese feine Unterscheidung schon in der Arbeit schlecht

zu händeln war – im Urlaub mußte sie sich realisieren. Zum ersten Mal fiel Sonja dem Heimleiter Schaber unangenehm auf, als sie die Einweisung am Anreisetag schwänzte. Schaber hatte seinen Humor aus der vorigen Saison reaktiviert. (»Falls Sie vorhaben, zu ertrinken, sagen Sie der Heimleitung vorher Bescheid, damit die Küche nicht zuviel eindeckt. Tja, Sie lachen – ich hab hier schon Dinger erlebt ...«) So viel Aufwand, und dann keine Vollzähligkeit.

Die Einweisung war kein Spiel. Die Erholungssuchenden sollten wissen, daß Tischtennisschläger nicht mit aufs Zimmer genommen werden dürfen und das Betreiben von Tauchsiedern eine Meldung an die Kaderabteilung des delegierenden Betriebes unweigerlich nach sich zieht, im besonders schweren Fall sogar den Platzverweis. Außerdem plagte Schaber eine Sorge: In jeder Saison verschwanden mehrere Gabeln und Messer des FDGB-Aluminium-Bestecks. Was war das anderes als ein Zeichen dafür, daß es um die ideologische Situation der Werktätigen nicht zum Besten stand?

Sonja lernte Tadeusz mit dem unaussprechlichen Nachnamen im Café »Strandterrassen« nach dem dritten Tag Dauerregen kennen. Aus purer Langeweile. Während Tochter Beatchen ihren Bummi-Eisbecher zermanschte, legte Tadeusz umstandslos Hand an Sonjas Knie, denn sprachliche Offerten waren schwierig. Seine Hand war rauh, ihr Knie war weich.

Leidenschaft und Erdbeerquark 51

An diesem Abend kam es auch zum ersten Vorkommnis auf gewerktschaftlichem Boden, weil Beatchen um 21.57 Uhr mit ihrem Teddy in der Männertoilette im zweiten Stock des Hauses »Seeblick« nach ihrer Mama rief. Herr Sauerbier, der in der ganzen Fülle seines ergrauten Brusthaares aus der Gemeinschaftsdusche kam, nahm sich ihrer an. Wenn er nicht gerade Ferien machte, war Sauerbier Inspektor bei der Arbeiterkontrolle der Gewerkschaften, also geeicht aufs Problematische. Er gewahrte bei einem raschen Blick in Sonjas Zimmer, daß erstens die Betten noch nicht bezogen waren (am zweiten Tag!) und zweitens ein Tauchsieder in potentiell gefährlicher Nähe zu einem Damenhöschen auf der Veranda lag.

Sauerbiers ließen die Tür zu ihrem Zimmer offen, wegen der Brandgefahr und um die Lage unter Kontrolle zu halten. Als Sonja und Tadeusz gegen 3 Uhr die Treppe heraufschwankten, war gerade Erika Sauerbier zur Wache eingeteilt. Sie weckte ihren Mann, huschte auf den Flur und sagte vorwurfsvoll: »Ihre Tochter hat geweint, Frau Herklotz!«

Mit dieser Einleitung verschaffte sie Sauerbier die Zeit, in seinen braunen NVA-Trainingsanzug zu steigen und sich mit der Taschenlampe zu bewaffnen. Sauerbier brauchte Tadeusz nur ins Gesicht zu leuchten, um zu wissen, in welcher Sprache er ihn ansprechen mußte. Denn der Pole an sich guckt ganz merkwürdig. »Du haben FDGB-Heimausweis? Passport, verstehen?«, brüllte

---

1 Verdienstvolle Werktätige, die die Norm übererfüllt hatten, waren gerngesehene Gäste in den Ostseebädern. Träger der Verdienstmedaille, wie dieser Kollege, erhielten nicht selten sogar einen Nachschlag, wenn es Kompott gab. Natürlich bestreitet mancher heute gegenüber dem SPIEGEL, je von diesem Privileg Gebrauch gemacht zu haben.
2 Ein Urlauberausweis war nicht unbedingt identisch mit dem Heim- oder Hausausweis. Denn Urlauber waren manchmal auch außerhäusig in Ferienwohnungen untergebracht.

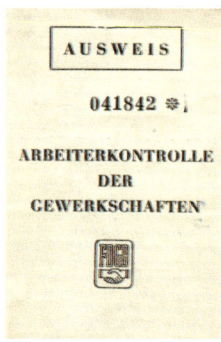

er entgegen der Hausordnung, die Lärmen, Duschen, Türenschlagen und Musizieren nach 22 Uhr generell untersagte.

Sonja antwortete kichernd: »Er nix haben, er nicht hier wohnen, sondern machen Freundschaftsbesuch.« Frau Gregoreck aus Glauchau, die im Nachthemd in der Tür erschien, klagte tonlos: »Und das unter den Augen des Kindes!«

Tadeusz lachte und sagte: »Ich nur ficki, ficki. Zehn Minuten.«

»Unglaublich!« – die Sauerbier blickte sich hilfeheischend nach Frau Gregoreck um, hinter der sich langsam der gesamte Belegungsdurchgang versammelte.

»Doch«, sagte die Gregoreck geheimnisvoll, »das hat man schon oft gehört, daß die so lange ... naja.«

»Das geht nicht an«, entschied Sauerbier, »die ihre Betten sind noch nicht einmal bezogen.« Ein Raunen ging durch die Menge. Perversitäten waren den Bürgern des besseren Deutschlands aus dem Fernsehen der BRD durchaus nicht fremd – aber hier kam doch zuviel zusammen: große traurige Kinderaugen, ungemachte Betten, illegaler Aufenthalt, Tauchsieder, Ungeniertheit, offen herumliegende Unterwäsche und Ruhestörung!

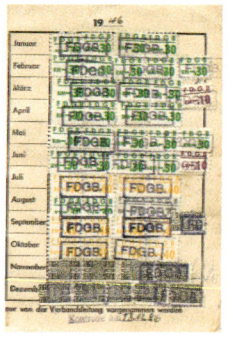

3

Frau Gregoreck stöhnte, und die violetten Bommeln auf ihren Hausschuhen vibrierten verständnisvoll. Sonja zog Tadeusz ins Zimmer und ließ die Tür ins Schloß krachen. Sauerbier breitete die Arme aus und sagte: »Nutzen Sie ihren Nachtschlaf, Kollegen. Ich wache hier. Sobald das Kind weint, greift der Notzuchtparagraph.«

Beim gemeinsamen Frühstück am nächsten Morgen saßen Beatchen und ihr Teddy verloren am Tisch 11 der Urlauberin Sonja Herklotz aus Schmalkalden. Schaber klopfte an die Tasse, wünschte einen wunderschönen guten Morgen und gab seiner Vorfreude auf den abendlichen Dia-Ton-Vortrag »Dünenbau gestern, heute, morgen« Ausdruck – die Teilnahme sei Pflicht und würde im

Leidenschaft und Erdbeerquark

Veranstaltungsheftchen des Heims testiert. Ein Vorfall sei vorgefallen, sagte er dann weiter, und das sei »das, was wir im Urlaub am wenigsten gebrauchen können«. In einem Zimmer – »ich nenne jetzt einmal bewußt keine Namen, weil die Person nicht unter uns weilt und damit gegen die von der Abteilung Feriendienst des Bundesvorstands des FDGB beschlossenen Essenszeiten verstößt« – sei ein Tauchsieder auffindig geworden. Ein kleiner zwar, aber immerhin. Beatchen stand mitten in Schabers Rede auf und versuchte, mit einer großen Plasteschüssel Magerquark mit Erdbeeraroma zu entkommen, kehrte aber auf dem Weg zur Tür um, weil sie den Teddy nicht zurücklassen wollte. Sauerbier entriß ihr mit einem beherzten Sprung die Schüssel, infolgedessen Frau Gregoreck, die im Wege saß, sich Kaffee über ihre Wolpryla-Strandjacke goß.

4

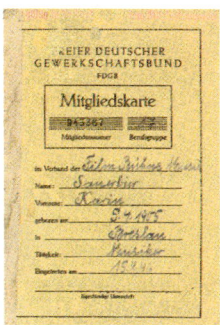

Sauerbier sagte: »Ich mußte heute nacht alles mit anhören. Fragt mich bitte nicht, Kollegen! Alle zehn Minuten ...« Die Damen schlugen die Augen nieder. »Es geht nicht an, daß Lebensmittel, zum Beispiel unser Erdbeerquark hier, Personen zugute kommen, die in unserem Staat geschaffen wurden und für die wir alle bezahlt haben, die sich aber nicht durch einen Heimausweis legalisieren können.« Man nickte, denn der Sinn der Rede erschloß sich voll und ganz.

Schaber fügte hinzu: »Außerdem darf Geschirr der Gewerkschaft nicht mit auf die Zimmer genommen werden.

---

3 Sauerbiers Trainingshosen waren keine modische Marotte. Sie erklärten sich aus seiner Mitgliedschaft im ASK (Armeesportklub).
4 Heimleiter Schaber hatte dereinst ganz klein als Fahrtenleiter angefangen. Er beherrschte sein Metier von der Pike auf, wie man so sagt.

Wer Wanderungen oder Lichtbildervorträge schuldhaft ausließ, mußte mit einer Mitteilung an die Betriebsgewerkschaftsleitung zu Hause rechnen.

Das trifft, um das noch einmal zu betonen, vollinhaltlich auch auf Bestecke und deren Teile zu.«
Sonja Herklotz schlich in den Speiseraum. Sie war nicht strandfein, wie es sich um diese Zeit gehörte. »Mama!« rief Beatchen und rannte ihr entgegen, »der da will mir nicht den Pudding für den Onkel Tadeusz geben.« Alle beugten sich in ihre Tassen. Sonja ging auf Sauerbier zu, nahm ihm die Schüssel aus der Hand und ließ den Quark in großen Fladen auf sein khakifarbenes Hemd tropfen. Sauerbier fuhr ungerührt fort: »Kollegen, ich weiß mich mit Kollegen Schaber einverstanden, daß wir für den Rest des Belegungsdurchgangs eine freiwillige Ausweis Selbstkontrolle an der Eingangstür durchführen. Ich bitte also dringend, die Dokumente immer am Mann zu führen. Lustige Pittiplatsch-Brustbeutel für diesen Zweck gibt es am Kiosk auf der Promenade.« (Für die Leserin in Düsseldorf: Pittiplatsch = ein SED-konformes Sexsymbol.)
Tadeusz machte aber gar nicht mehr den Versuch, einzudringen. Sonja und er wurden von Sauerbiers am Strand gesehen, wie sie Beatchen bis zum Kinn einbuddelten. Sie genoß gerade einen Erstickungsanfall. Es war, strenggenommen, der Strandabschnitt des Hauses »Seeblick«, auf dem sich der Pole rechtswidrig aufhielt. Sauerbier meinte nur zu seiner Frau: »Hier einzugreifen hat keinen Sinn. Denn seeseitig kann man den Abschnitt nicht absichern.«
Zu Hause in Schmalkalden sagte die Frau von der Ge-

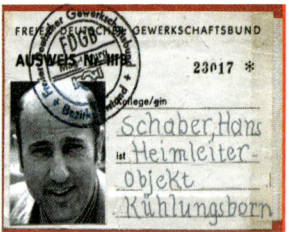

Leidenschaft und Erdbeerquark

werkschaft zu Sonja, als es zur großen Aussprache kam, es werde nicht alles so heiß gegessen, wie es gekocht wird. Von so viel Nachsicht gerührt, wollte ihr Sonja spontan zur Rückführung an Schaber den Teelöffel mit der FDGB-Gravur aushändigen, der sich dummerweise in ihren Kulturbeutel verirrt hatte. Doch den besitzt sie heute noch.

Viele Jahre später flog Sonja Herklotz mit »Seniorenreisen« zum ersten Mal nach Mallorca. Aus purer Langeweile setzte sie sich von der ostdeutschen Reisegruppe, die in praller Sonne einem aufgespannten Regenschirm in den Farben des Freistaats Thüringen hinterherlief, ab und lernte im Straßencafé vor dem Hotel einen kleinen, schrumpligen Italiener kennen, der umstandslos Hand an ihr Knie legte. Die Hand war rauh, ihr Knie war immer noch weich.

Zurück im Hotel, fand sie in ihrem Postfach einen Zettel: »Bitte aus gegebenem Anlaß bei der Delegationsleitung zur Aussprache über die Normen des Gemeinschaftslebens melden!«

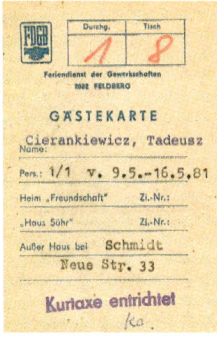

Diese Gästekarte ist eindeutig ein grobe Fälschung. Wie hätte Tadeusz denn die Kurtaxe entrichten können!

Abschlußfrage:
Hätte Sonja Herklotz mit ihrem FDGB-Ferienscheck für Kühlungsborn auch die Fähre nach Trelleborg nutzen dürfen?
A   ja, aber nur mit eigenem Eßbesteck
B   nein, denn Sonja lebte als ledige Mutter in ungefestigten Familienverhältnissen
C   einen Versuch wäre es wert gewesen

Tafel V
... wenn dein starker Arm es will

Auf der Rostocker Werft sollen 1987 Schiffsbauer dafür gestreikt haben, daß ein Teil ihres Lohnes in Westgeld ausgezahlt wird. Heute kriegen sie ihr Arbeitslosengeld vollständig in Westmark überwiesen. Sie haben viel erreicht. Dem Freien Deutschen Gewerkschaftsbund muß man leider bescheinigen, daß er diese Entwicklung allseitig verpennt hat. Folgerichtig wurde er frühzeitig vom DGB im Schlaf übermannt. Dennoch war der FDGB eigentlich stark und reich - alle Werktätigen waren in der Gewerkschaft. Sie organisierte Betriebsferienlager, Erholungsreisen, Frauenruheräume, Kuren, Kollektivbesäufnisse am Ersten Mai, den Aktivistenwettbewerb, die Betriebsbüchereien, die Arbeiterliteratur, die folkloristischen Tanzgruppen, die Betriebssportgruppen und Betriebssportfeste, das Amateurkabarett, den Kindergarten und den Präsentkorb im Todesfall. Was will man mehr für sein bißchen Beitrag? Deshalb schüttelten viele Leute den Kopf, als der Dichter Heiner Müller 1989, nicht unbedingt nüchtern, auf dem Berliner Alexanderplatz Streikrecht und freie Gewerkschaften forderte. Wohin seine Forderungen führten, sieht man ja: Nur noch eine Minderheit in Lohn und Brot hat so ein schönes Gewerkschaftsbuch in der Tasche.

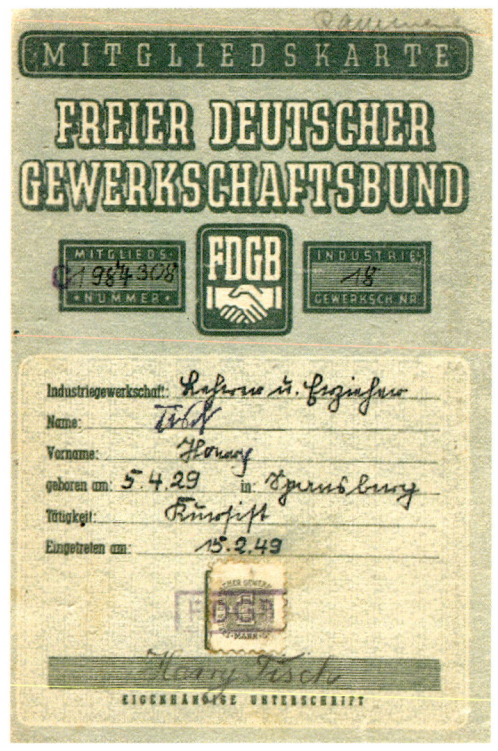

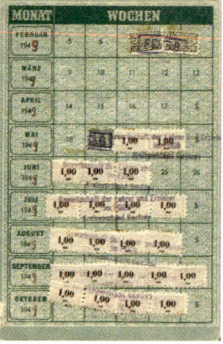

… wenn dein starker Arm es will

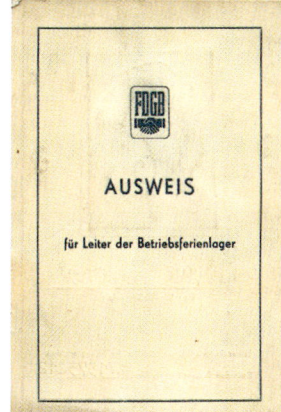

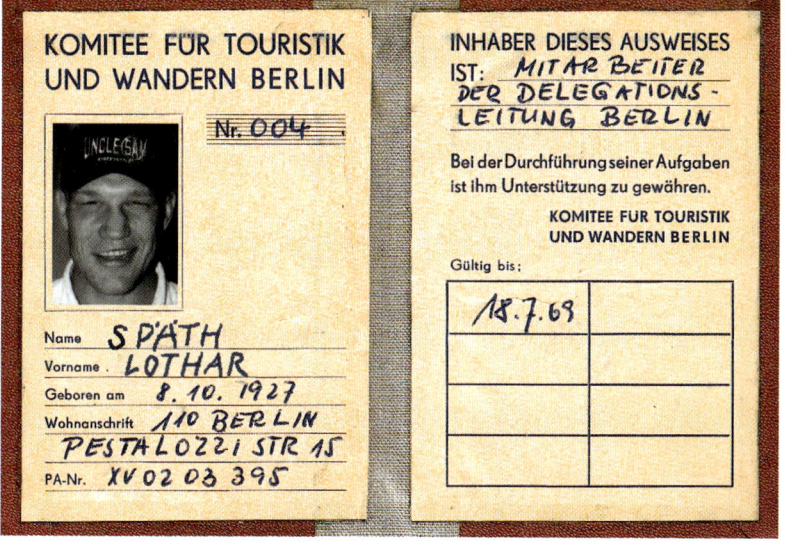

Tafel V

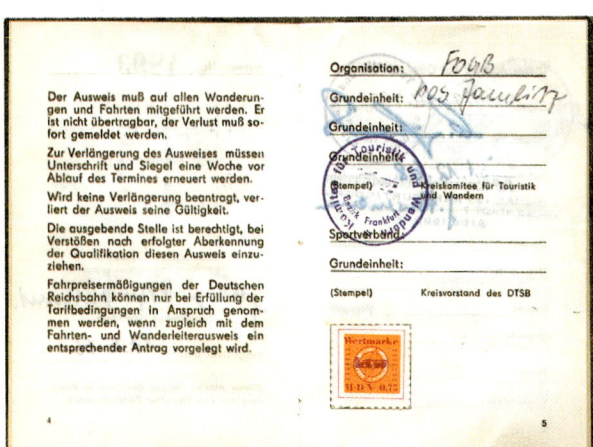

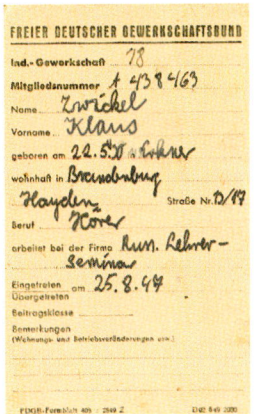

Der Aufklärer

KAPITEL 5
Der Aufklärer
Wie Wilhelm Greiner in die Mühle kam

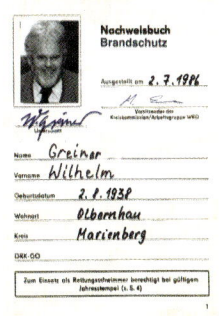

Wilhelm war Junggeselle und blieb es bis ans Ende seiner Tage. Niemand hätte ihm in die Ohren gekeift, wenn er an diesem Morgen einfach im Bett geblieben wäre. (Im Sozialismus genügte gegenüber dem werktätigen Betriebsleiter eine halbherzige Ausrede völlig, z. B.: »Ich kriege heute einen Teppich«, oder: »Ich muß zum Impfen«.) Aber wie hätte Wilhelm Greiner denn ahnen können, daß ihn dieser 10. August des Jahres 1963 aus seiner Lebensbahn werfen würde!

Die Zeit war mal wieder eine Zeit, die niemanden zurücklassen wollte. Die Zeit überkam das Volk nämlich in eigentümlichen Wellen. Mal konnte man ganz unbehelligt in ihr leben, ohne daß sie sich meldete – konnte Tauben füttern, Liköre trinken, den Hund ausführen oder mit der Schmalspureisenbahn spielen. Morgen und Abend wechselten in ziemlich exaktem Abstand einander ab. Dann wieder kriegte sie einen Rappel, die Zeit, wurde bleich vor Ehrgeiz und schrie, daß man gefälligst Verantwortung für sie übernehmen solle. Ehe man sich versah, war man Hausvertrauensmann, Brandschutzbeauftragter, Gartenspartenkassenwart im Verband der Kleingärtner, Siedler und Kleintierzüchter (VKSK) oder ehrenamtlicher Ge-

Der Weg Wilhelm Greiners zum Aufklärer der Nationalen Front war lang und nicht ohne Gefahren. Zuerst mußte er sich als Brandschutzbeauftragter bewähren.

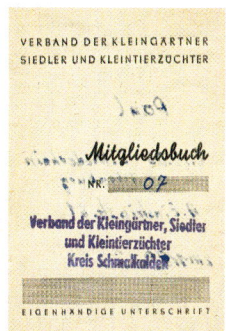

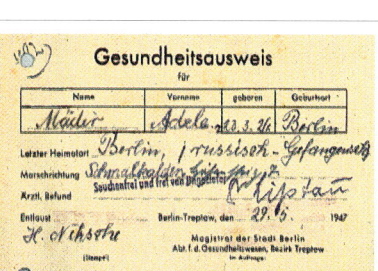

Ein erfolgreicher Aufklärer mußte viele Stufen der persönlichen Prüfung durchschreiten. Körperlich und ideologisch gesund zu sein war unabdingbar. Weltraumtauglich war Wilhelm Greiner aber bis zu seiner unerwarteten nervlichen Zerrüttung trotzdem nicht.

sundheitsinstrukteur im Müttergenesungsheim. Man konnte praktisch nicht über die Straße gehen, ohne bedeutend zu werden. Außerdem hatte der Staat seine Weißen Nächte: Immerzu dräute ein leuchtender Morgen. Das war anstrengend und lag manchmal daran, daß sich auch bei den Imperialisten die Zeit gerade ausgesprochen forciert verhielt (es jährte sich der Tag des Mauerbaus) oder daß die obenmächtige Partei eine ihrer liturgischen Exerzitien vorbereitete. Manchmal verschärfte sich dann die Situation, oder die Lage spitzte sich zu. Mal brauchte die Zeit ganz dringlich Funktionäre für den Breitensport, dann wieder Wahlhelfer, die die Leute an die Urnen zerrten, dann waren Gedichte dichtende Arbeiter (»Greif zur Feder, Kumpel!«) überaus begehrt. Auch der sozialistische Markt hatte seine Schwankungen. Um diesen 10. August herum war die Zeit gerade mal wieder ganz scharf auf Aufklärer. Nein, nicht Kundschafter, also Spione und Agenten. Die auch, aber nicht so auffällig. Sondern Aufklärer, Leute, die etwas von dialektischen Sprüngen verstanden, in denen sich die neue Zeit neuerdings fortzubewegen pflegte, die die Kybernetik am Beispiel eines Eisenbahnfahrplans erklären

Ein Qualifizierungsnachweis mehr konnte nicht schaden. Beliebt in der Bevölkerung waren diese universellen Qualifizierungsbestätigungen, mit denen man sich bei Bedarf sowohl als Kenner der sowjetischen Literatur wie auch als Kaffee-Verkoster in MITROPA-Wartehallen empfehlen konnte.

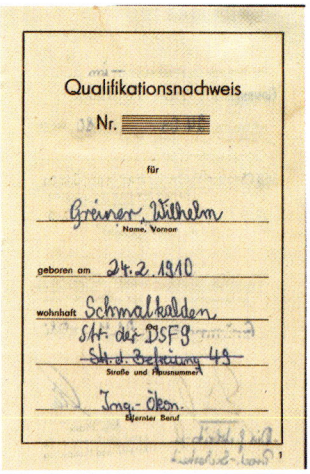

konnten und die wußten, daß Genosse Mitschurin verdienstvollerweise und entsprechend der historischen Gesetzmäßigkeit von der Überlegenheit der sowjetischen Gehirnakrobaten die Marmelade erfunden hatte. Die Zeit war mal wieder so kompliziert geworden, daß komplizierte Erklärungen verstärkt nachgefragt wurden. Denn in komplizierten Zeiten will natürlich niemand simple Erklärungen haben.

Wilhelm war anfällig für den Aufklärerposten wie ein Rekonvaleszent für den Tuberkel-Virus. Wilhelm liebte nämlich umständliche Aufklärungen. Am liebsten baute er Sätze, die er nie und nimmer zu Ende kriegte. So wie ein Laie sich an eine Motorreparatur wagt und am Schluß zwei Federn und einen Kolben übrig hat, so hatte Wilhelm, wenn sein Satz zum Ende fand, immer noch ein, zwei Wörtchen, die noch irgendwo hätten reinpassen müssen.

An diesem Morgen aber sagte er zum Lehrling Bernd Polenke *(dem späteren Vorsitzenden der Sektion Dienst- und Gebrauchshundewesen auf dem Schmalkalder Grasberg – siehe Kapitel 2 und 10)*, der die glühenden Rohlinge unter den Hammer zu schieben und zusammenzuschweißen hatte (sie schmiedeten »Zängele« für die Spielzeugindustrie), ungewohnt klar, logisch und sprachökonomisch: »Falls du sie nicht wegziehst, sind sie weg, die Pfoten!«

Das hörte Parteisekretär Andreas Wüstenhagen, der die Zängele-Abteilung in zweifacher Mission durchschritt: um aufzuklären und um Aufklärer zu rekrutieren. Er blieb ruckartig stehen, als sei gerade eben Stalin gestorben, und rief aus: »Sag das noch mal, Wilhelm – Mensch, Wilhelm, sag das noch mal!«

Wenn Parteisekretäre einen aufforderten, was noch mal zu sagen, mußte man vorsichtig sein. Die Sache könnte aktenkundig werden. Derart auf der Hut, gelang Wilhelm sein Satz natürlich nicht mehr so schön wie das

Original: »Der Lehrling Polenke soll Obacht auf seine Hände im kontinuierlichen Arbeitsprozeß, schon wegen dem Krankenstand, zum Beispiel, ähm ...«, sagte Wilhelm und hätte wohl noch eine Weile nach dem abrundenden Verb gesucht, wenn nicht Wüstenhagen schon dazwischengegangen wäre: »Nein, das war doch viel schöner eben! Das war so, ich zitiere: ›Falls du sie nicht wegziehst ...‹« Er legte eine lange Pause ein und grinste bedeutungsgeil. »Merkst du, was hier sprachlich für eine enooorme Spannung entsteht? Das knistert förmlich in der Luft. So macht das der geborene Agitator. Lenin machte das so, glaube mir! Man fragt sich unwillkürlich: Wer ist ›sie‹, und was geschieht, wenn ich ›sie‹ nicht wegziehe?«

Wüstenhagen brüllte die Halle zusammen. Wo er auch hinkam, was er auch sagte – er machte immer eine Versammlung daraus. »Geht es hier um Weiber?«

»Was ist denn nun, wenn er sie nicht auszieht?« fragten die Kollegen.

»Hört her«, rief Wüstenhagen. »Wilhelm und ich, und ich denke, wir alle, alle friedliebenden Werktätigen unseres blauen Planeten, rufen den Ultras in Bonn und den Kriegstreibern in der USA den Satz zu, den Wilhelm heute morgen, als er tatendurstig an den Hammer trat, auf den Lippen trug. Sag's ihnen, Wilhelm!«

»Leck mich am Arsch«, brummte Wilhelm. Und Wüstenhagen schrie: »›Leck mich am Arsch‹, hat er gesagt, Kollegen. Das ist die Sprache der Arbeiterklasse, die die Bonner Ultras verstehen! Und dann hat er heute morgen noch gesagt, der Wilhelm, ›Falls ihr sie nicht wegzieht, dann sind sie weg, eure dreckigen Pfoten!‹ Wißt ihr, Kollegen, was mit ›Pfoten‹ gemeint ist?«

»Die Atom-Raketen natürlich«, sagte jemand unlustig, und die Versammlung verkrümelte sich.

Wilhelm war die Sache peinlich. Wenn man sich für etwas schämt, ist das genau die labile Situation, in der man sich keinen Ausweis aufdrängeln lassen soll. Man hat dann zuwenig Widerstandskraft.

»Ich bin jetzt ein Aufklärer«, sagte Wilhelm zu Ida, seiner Schwester, als er nach Hause kam, und zeigte seinen Ausweis als Helfer der Nationalen Front des Demokratischen Deutschland, Sparte »Aufklärer«. Ida lachte über das Lichtbild, auf dem Wilhelm so aussah, wie er aussah, und über das komische Wort. »Mich mußte keiner nicht aufklären, ich hab es gleich so gekonnt.« Das kam aber schon nicht gut an.

»Die Menschen wissen zu wenig«, sagte Wilhelm versonnen und blinzelte in eine weite Ferne. Und das war der Anfang vom Ende.

Er aß fortan schlechter und holte sich Bücher. Er las »Egon und das achte Weltwunder« und »Das neue ökonomische System des Sozialismus und seine Anwendung in der DDR«, »Ästhetik des sozialistischen Realismus« und »Wie helfe ich mir selbst? Reparaturtips für den Trabant«, »Die Welt von morgen« von Böhm/Doerge sowie die Frauenzeitschrift »Für Dich«, insbesondere den Artikel »Eine Ehe braucht Vertrauen« der Genossin Inge Lange (die natürlich die Wessis wieder nicht kennen). Er verdaute schlecht, und der Aufklärungsdruck in ihm wurde drückender. Irgendwann mußte was raus.

»Weißt du eigentlich«, fragte er zum Beispiel Lehrling Polenke unvermittelt, »was unser Schmiedehammer mit dem Newtonschen Gesetz ... und wie schön in ihm das Hohelied der befreiten Arbeit, ähm ... zu tun hat?« Polenke wußte natürlich nicht und versuchte Wilhelm aus dem Weg zu gehen, wo das möglich war. Wilhelm ließ jetzt manchmal Hammer Hammer sein und schlich von Kollege zu Kollege, agitierte für

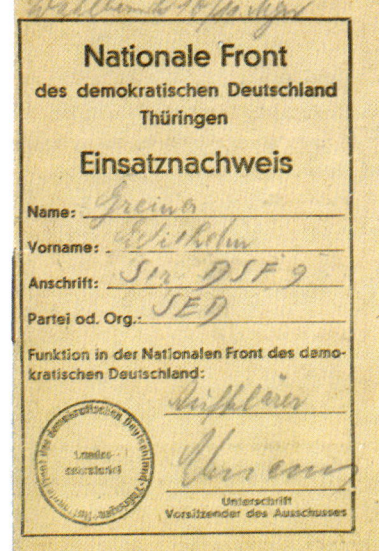

die Bedeutung der Körperkultur oder las einige Sätze aus der Brecht-Lukács-Debatte in »Sinn und Form« aus seinem speckigen Notizbüchlein ab, mit dem ihn der Kreisvorstand der Nationalen Front ausgerüstet hatte. In den Frühstückspausen war er schon total isoliert. Ida stellte die Ernährung um, denn Wilhelm wurde blaß und blässer. Sie versuchte es mit verschiedenen Kräutertees zur Körperentwässerung.

Sonntags zog sich Wilhelm gut an, steckte seinen Aufklärerausweis in die Hemdbrust und stellte sich auf den Markt, um die Kirchgänger, alte Damen meist, abzufangen.

»Einen wunderschönen guten Tag, Frau Volkers«, jubelte er Meta Volkers entgegen, die nicht ausweichen konnte, weil sie am Stock ging. »Das sagen wir oft so sorglos dahin, nicht wahr – guten Tag – aber«, und an dieser Stelle zückte er seine Aufklärerlegitimation, »wer denkt heute schon darüber nach, wie ein guter Tag ... ähm ... welche Beschlüsse unsere Partei dazu ... ähm.«

In einer anderen Gesellschaft wäre Wilhelm ein prima Sektenfänger geworden und hätte mit dem »Leuchtturm« am Ratskellereingang gestanden. Aber diese Gesellschaft gab es damals in Schmalkalden nicht mehr bzw. noch nicht. Als Meta Volkers mal die Ida Greiner traf, sagte sie: »Paß mir auf den Wilhelm auf, der trinkt zuviel!«

»Sieh genau hin, erkenne das Wesen!« rief Wilhelm den Kindern auf der Straße zu, die sich um einen Ball balgten. Bald rannten sie ihm hinterher und schrien »der Wesentliche, der Wesentliche«.

Ida dachte, so geht das nicht weiter, Wilhelm muß mal raus. Tapetenwechsel. Das Geschwisterpaar machte eine Reise nach Dresden. Am Nachmittag saßen sie vor einem Café am Altmarkt in der Sonne, Ida streichelte ihre Handtasche, und die Welt war wieder heil. Wilhelm sah einer Weißen Maus (totalitärer VoPo, der den Verkehr regelt) zu, wie die (bzw. er) Leute übern Damm winkte. Plötz-

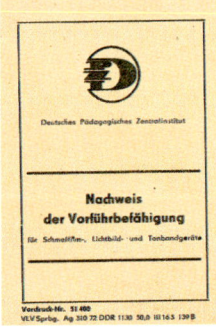

Als Lenin in einem separaten Dachstübchen des Kreml »Panzerkreuzer Potjemkin« gesehen hatte, beschloß er, das Filmwesen zur Machtfrage zu erklären (»Kommunismus – das ist Sowjetmacht plus Lichtspielwesen!«). Deshalb waren Filmvorführer ideologisch unbedenkliche, wenngleich schlechtbezahlte Personen.

Der Aufklärer

lich stand Wilhelm auf, zückte seinen Ausweis und nahm dem verdutzten Polizisten den Stab aus der Hand. »Sehen Sie«, sagte er, »senkrecht bedeutet ›Achtung‹!«
Die Heilanstalt am westlichen Stadtrand, in der Aue, nannten alle nur »die Mühle«. Sonntags ging Ida ihren Bruder da besuchen. Er saß immer still im Garten, fast verschwunden zwischen all der Goldrute. Wenn er Ida sah, fragte er: »Hast du meinen Ausweis dabei?«

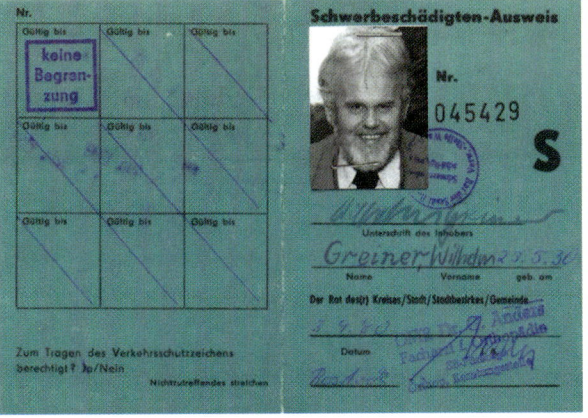

Viele Jahre später wurde die Mühle aufgelöst. Eine Kommission aus München stellte fest, skandalöse Zustände hätten dort geherrscht. Unter anderem sei ein Arbeiter interniert gewesen, der mit seiner Forderung »Wir müssen das Wesen erkennen« dem Regime mißfallen habe. Seine letzten Jahre verbrachte Wilhelm am Herd auf der Kohlenkiste, die seine Schwester Ida ihm freigemacht hatte, und studierte Wesentliches im »Eulenspiegel«. Aber das wissen wir ja schon.

Dieses Dokument belegt feinfühlig, wie tragisch der alte Wilhem endete. Sein immenses Gesellschaftswissen hat er mit in das Dunkel seiner Seele genommen.

Abschlußfrage:
Berechtigte der Agitatorausweis Wilhelm Greiner zum unentgeltlichen Besuch sowjetischer Kriegsfilme in den Schmalkalder Lichtspielen »Herrmann Danz«?
A   er verpflichtete ihn sogar dazu
B   nein, der Kinobesuch kostete neunzig Minuten
C   »Befreiung« Teil 1 bis 5 waren für den Agitator kostenlos. Aber die ausgefallene Arbeitszeit mußte nachgebummelt werden.

Tafel VI
Bau auf, bau auf!

Bei dem letzten Hochwasser in Ostdeutschland 1997 trat die demokratische Bürgermeisterin eines fußnaß gewordenen Dorfes wutschnaubend vor die Presse: »Heldenhaft« sei »der kollektive Einsatz« ihrer Dörfler zur Bewahrung der Gehöfte vor der Überflutung. Aber bis zur Stunde stünde noch nicht mal fest, ob der Staat die Getränke bezahle, die bei der schweißtreibenden Arbeit des Sandsäckeschichtens konsumiert werden.

An dieser Geschichte sieht man, daß eine Wende stattgefunden haben muß. Die vorherigen Generationen im Osten bauten ihre zerstörten Städte ohne Rückerstattung der Auslagen für die Getränke wieder auf. Sie taten es für viele gute Worte, reichlich schiefe Parolen und kitschig-schöne Ausweisbilderchen. Trümmerfrauen in Berlin erhielten eine fettreichere Lebensmittelkarte. Und die Sachsenknaben, die im »Hauptstadtaufgebot« anrückten, um in Stoßaktionen die Stalinallee zu bauen und Berlinerinnen zu lieben, schufteten für das Versprechen einer noblen Arbeiterwohnung (die aber dann doch leider nicht für alle reichten). Es gab keinen Marshallplangeldtopf, aus dem man die Aufbauhelfer mit Limonade hätte beschenken können. So wurde kein Wirtschaftswunder daraus. Übriggeblieben sind jede Menge poröse Bausubstanz und viele Dokumente, mit denen man sich als Held im NAW – dem »Nationalen Aufbauwerk« – ausweisen konnte. Vorausgesetzt, man hatte sie immer fleißig mit Spendenmarken beklebt.

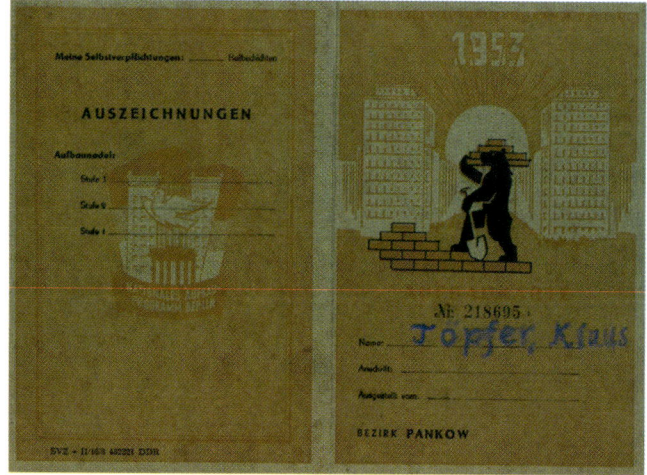

Bau auf, bau auf!

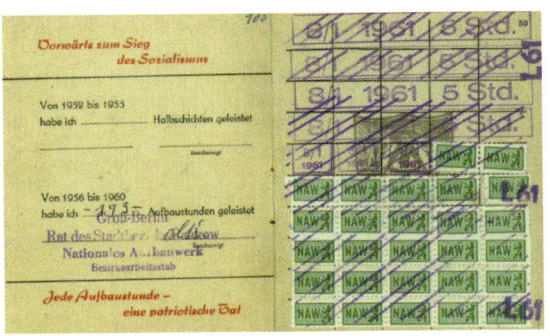

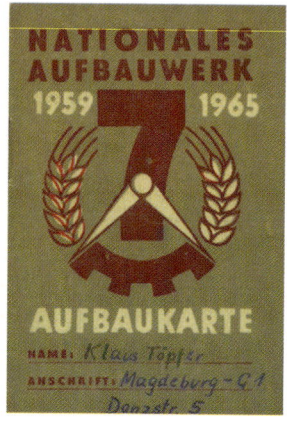

Kapitel 6
Der Grenzkonflikt
Wie Karl Hehnlein sich schuldig machte

Karl Hehnlein *(der viel später aus purer Faulheit bei Emmy Greiner hängenblieb – siehe Kapitel 7)* galt schon immer als ausgesprochen zuverlässig. Seine erste Freundin war die Adele Mäder aus der Kothersgasse. Adele war eine Vorreiterin bei der Einführung der westlichen Lebensart in Schmalkalden, lange Zeit die einzige, die einen Petticoat drunter hatte. Deshalb wurde sie zwar bewundert, aber allgemein »das Mensch« genannt, was so ziemlich das Gemeinste ist, das man in Schmalkalden über eine Dame sagen kann. Besagte Adele Mäder hatte Karl einmal für abends um acht ans Stiller Tor bestellt. Karl hatte einen dünnen, grauen Lederschlips angetan, steckte im Nachkriegssakko seines Vaters, das der nicht mehr trug, weil er sich aufgehangen hatte, und hielt Veilchen in der Hand. Und da stand er nun und stand.
Adele Mäder ging am nächsten Morgen, wie immer um halb sieben, von der Kothersgasse am Stiller Tor vorbei zu Käse-Hinkler, wo sie lose Milch verkaufte. Sie sah Karl schon von weitem. Er war ein paar Schritte vom vereinbarten Treffpunkt weg in die Morgensonne getrippelt, um sich aufzuwärmen. Da fiel Adele ihre Verabredung vom gestrigen Abend wieder ein. Sie verdrückte sich feige durch die Höfe. Abends, zehn nach acht, ging sie, den Petticoat schwenkend, wieder zum Stiller Tor und sagte zu Karl: »Du bist mir net bös, nein, ich habe mich ein paar Minuten verträdelt.«
»Wie soll ich dir bös sein«, sagte Karl, »ich dummer Hund komme immer zu zeitig.«
Wenig später, als Adele ihn los sein wollte, hat sie die Geschichte überall erzählt, vor allem, wie die Veilchen aus-

6. Kapitel

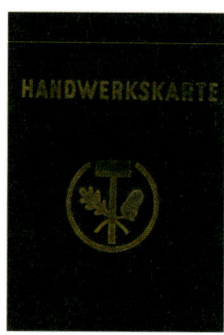

Hedwig Hehnlein verhielt sich als Mitglied der entsprechenden berufsständischen Organisationen sperrgebietskonform.

Wenn Lore Hehnlein ihren Sohn Karl am Schlagbaum vor Wut erschlagen hätte, wäre von ihm diese Gefallenen-Marke geblieben.

gesehen haben, und daß der Hehnlein immer zu zeitig kommt. Andere zartbesaitete junge Männer treibt so was in den Selbstmord. Karl aber meldete sich zur Grenze, wo Leute gebraucht wurden, die ohne zu murren lange stehen konnten.

Er kam nach Heldburg, südlichster sozialistischer Vorposten. Später hat man das nicht mehr gemacht. Da kamen die Grenzer aus dem Süden nach Berlin und die Bördedödel oder Fischköppe in den Süden. Fremde Soldaten fraternisieren nicht so leicht mit den Einheimischen. Karl hatte es gut in Heldburg, denn dort betrieb Tante Hedwig als selbständige Handwerksmeisterin eine Metzgerei. Er schleppte jede Menge Würste in die Kompanie, damit ihm die Kameraden, die »Genossen« gerufen wurden, nicht in die Stiefel schifften. Denn eigentlich war er genau der Typ, dem man in die Stiefel schifft.

Seine Mutter, die Hehnlein Lore aus Näherstille, fuhr alle vierzehn Tage vom Schmalkalder Bahnhof über Hildburghausen und dann mit dem Bus zu ihrer Schwester ins Sperrgebiet. Jetzt, wo ihr Karl da unten war, fuhr sie um so lieber. Sie hatte den befristeten Passierschein G zum vorübergehenden Aufenthalt in der Sperrzone zu privaten Zwecken. Das war ein gutes Gefühl, eine vertrauenswürdige Person zu sein und vom Staat so nah herangelassen zu werden an die eigene Schwester, die gleich dort drüben wohnte, wo die NATO Lunte legte.

Die Sperrzone hatte ihren Namen nicht von ungefähr.

Der Grenzkonflikt

Dort lebte man gewissermaßen in der Zone von der Zone. Leute wie die Metzgersfrau Hedwig waren darin eingesperrt, obwohl sie nichts verbrochen hatten. Eigentlich war es eine Ehre, dort zu leben. So ähnlich wie in der Sonderzone Wandlitz. Denn unehrenhafte Bürger, die durch ihre bloße Existenz ein Risiko für das Funktionieren der Grenzsicherungsanlagen darstellten, waren längst herausgesiedelt worden. Es blieben nur die besten. Die Sperrzonis genossen ein kleines Glück: Die liebe Verwandtschaft konnte nicht spontan über sie kommen. Außerdem konnte man auf einen Berg klettern oder auf den Kirchturm und wunderbar in den Westen gucken. Um den Jahreswechsel kamen manchmal Politbüromitglieder und überzeugten sich, daß Frieden herrschte. Oder Karl-Eduard von Schnitzler veranstaltete ein Forum über »Das Wesen des Klassenfeinds«. Es war auch irgendwie spannend: Nachts hörte man die Hunde an der Laufleine heulen wie sibirische Wölfe, ab und an krachte ein Schuß, oder morgens zwischen zwei und drei kam lieber Besuch – Sowjetsoldaten durchkämmten die Höfe auf der Suche nach Deserteuren.

Lore Hehnlein kam vom Bus mit den Taschen voller Kram für Hedwig, weil man im Sperrgebiet fast nichts kaufen konnte. Von der Haltestelle führte ein langer, gerader NVA-Betonweg zur Schranke. Karl sah sie schon von weitem kommen und dachte: Da kommt Mutter, von weitem hat sie besonders krumme Beine. Er war aufge-

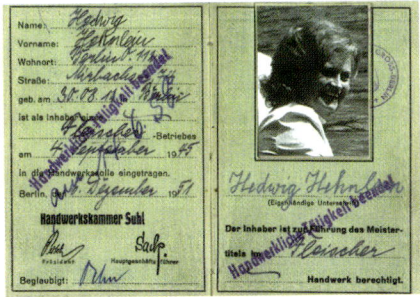

regt, als sei der Zugführer im Anmarsch. Wenn die Mutter heran war, sprang er vor und forderte: »Ihre Dokumente bitte!« Lore kramte betont langsam in den Höhlen ihrer großen Tasche nach dem Briefumschlag, in dem der Passierschein steckte, sagte dann schelmisch: »Bitte, der Herr!«, und schritt unter dem Schlagbaum hindurch. Wenn die Schranke hinter ihr niedergegangen war, galt der offizielle Akt des Übertritts ins Sperrgebiet als beendet. Sie drehte sich um, ließ die Taschen fallen und spulte alle Neuigkeiten ab.

Eine Idylle war diese Grenze! Der totale Frieden in Europa! Die reinste Familienzusammenführung. Es blühten Huflattich und Löwenzahn, und manch Reh lugte zutraulich aus dem Geäst. Und meistens schien auch noch die liebe Sonne und verschönte unverschämt die Diktatur. Karl hatte rote Bäckchen, wenn die Mutter kam, fragte aber kein Wort nach dem Fräulein Mäder aus der Kothersgasse.

Einmal schien nicht die Sonne, sondern es ging der scharfe Wind, der dafür sorgt, daß die Rhön wie Irland aussieht. Lore hatte bereits im Bus gemerkt, daß sie ohne alles war, zweimal die große Tasche aus- und eingepackt. Sie kam mit ihrer Bagage den Betonweg entlang und zwinkerte schon aus hundert Meter Entfernung verschwörerisch ihrem Sohn zu. Als sie heran war, sagte sie in konspirativem Ton: »Heute bin ich ohne alles, Jung! Nur gut, daß *du* da bist. Die Hedwig kann net bis Ostern auf ihren Kuko-Kurzkochreis warten und ihre Tempo-Linsen.«

»Ihre Dokumente bitte!«

»Ja, schön, Karli, auf dem Küchentisch unter der blauen Zuckerledose, da liegt das Papier«, rief sie laut und fröhlich, weil das Leben so komische Sachen mit ihr macht.

»Bürgerin«, sagte der Hehnlein Karl zur Hehn-

Der Grenzkonflikt 73

lein Lore, die seine Mutter war, »dann muß ich sie auffordern, den Grenzvorbereich zu verlassen und sich auf direktem Wege in ihren Heimatort zu begeben.«
Sie brauchte eine Schrecksekunde, bis sie begriff, daß das ein Witz war. Sie hatte sich angewöhnt, alles, was sie nicht sofort verstand, für einen Witz zu halten, denn Witze verstand sie nicht. Bei Hehnleins ging es nie witzig zu. Da wurde immer alles so verstanden, wie es gesagt wurde. »Mein Gott, hast du mich erschreckt«, sagte sie.
»Sie heißen!« sagte Karl.
Jetzt brauchte sie nochmals eine Weile, um zu begreifen, daß es doch kein Witz war und sie es trotzdem nicht verstand.
»Kennst mi net?« fragte sie. Eine Bö fuhr über die Rhön. Lore hielt sich ein wenig an der Schranke fest. Ihr war schwankend zumute.
»Bürgerin, berühren sie nicht die Grenzsicherungsanlagen der Deutschen Demokratischen Republik!« brüllte Karl, und der Posten, der im Häuschen gedöst hatte *(der später u. a. als Klärgrubentaucher bekanntgewordene Landolf Wohlgemut – siehe Kapitel 9)*, kam aus der Tür gerannt: »Was hat denn deine Mutter, Karl, ist ihr nicht gut?«
Lore hob die Taschen auf, in denen sie den Kuko-Reis und die Tempolinsen für die Sperrgebietsschwester trug und sagte: »Nur gut, daß dein Vater in Frankreich gefallen ist. Er hätte dich erschlagen mit der Ochsenkette.«
Als sie zwanzig Schritte auf dem NVA-Weg geschlurft war, drehte sie sich um und schleuderte ihren giftigsten Pfeil: »Die Mäder aus der Kothersgasse ist ein Mensch! So! Daß du es nur weißt, Jung!« schrie sie in den Wind. – Das Mensch, wie stolz das klingt!
Das Mensch Adele Mäder war nicht nur schwanger geworden, während Karl die Heldburger Schranke von unbefugter, eventuell in republikflüchtiger Absicht versuchter Passage freihielt und ihm seine Kameraden nun

Ehrenparaden waren in der DDR für Soldaten und Offiziere ein willkommener Anlaß zu Kurzreisen in die soz. Metropole.

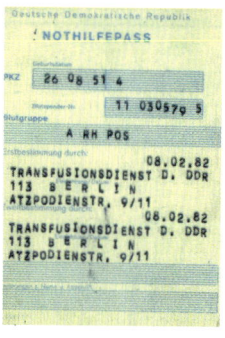

Glücklicherweise hat Karl an der Grenze nicht auf seine Mutter geschossen, da sie von sich aus stehenblieb und das klärende Gespräch suchte. Ansonsten wäre natürlich ihr Nothilfepaß von unschätzbarem Vorteil gewesen.

doch noch in die Stiefel schifften. Sondern auch Mutter. »Der würde mich am Strick verfaulen lassen«, sagte noch Jahrzehnte nach dem Grenzkonflikt die alte Lore Hehnlein über ihren Sohn, wenn sie in Schmalkalden auf dem Markt einkaufen ging.

Viele Jahre später wurden Grenzer vor Gericht gestellt, auch sogenannte Grepos, solche wie Karl. Man nannte sie nun »Mauerschützen«, obwohl es *die* Mauer zu Karls Zeit nicht und in Heldburg gar nicht gegeben hatte. Reporter suchten den Rentner Karl, der, so erzählte der Volksmund, am Schlagbaum zum Sperrgebiet seine Mutter mit der Kalaschnikow-MPi durchsiebt haben soll, als die ihm Stachelbeerkuchen von zu Hause bringen wollte. Sie fanden ihn im Garten. Und auch so etwas wie einen Beweis: Lore Hehnlein war immerhin tot. Die Überschrift in der Zeitschrift trug allerdings ein Fragezeichen: »Hat dieser Mann seine Mutter auf dem Gewissen?« Alle in der Stadt meinten, eigentlich nicht. Aber eigentlich irgendwie doch. Eine gewisse Adele Mäder wurde zitiert: »Zuzutrauen wäre es ihm. Er war so sonderbar, fanatisch. Er kam immer zu zeitig.« Dazu zeigte man ihr Jugendbild – ein hübsches Mädchen mit einem Petticoat drunter.

Abschlußfrage:
Wozu verpflichtete der Passierschein für das Grenzgebiet Frau Lore Hehnlein?
A zum Studium der Beschlüsse von Partei und Regierung
B zum Ablegen aller Vermummungen, wie Haarnetz, Ohrenschützer und Filzunterhose
C zum Abwenden des Blickes beim Anblick der Grenzbefestigungsanlagen

Tafel VII
Für das Leben lernen wir

Die Staatsführung hätte es vormachen sollen, wie man ständig dazulernt. Aber irgendwie hat sie geklemmt. Ob es indes geholfen hätte, wenn der Dachdecker E. H. auf der Abendschule seinen Schweißerpaß erworben hätte (zusätzlich zu seinem Abschluß an der Komsomolhochschule in Moskau)? Oder wenn Schabowski den staatl. gepr. Besamer nachgemacht hätte? Die Armee war sowieso die »Schule der Nation«, und das Volk saß ständig auf der Schulbank und ließ sich Wissensgewinn prüfen und attestieren oder qualifizierte sich beim Besuch der Leipziger Messen oder der MMM (Messe der Meister von morgen). Es lernte immer doppeltes Pensum: Man mußte nicht nur Wissen wissen, sondern immer auch wissen, was das Wissen im Klassenkampf bedeutete. Viele Jahre später hat das Volk noch einmal umgeschult. Und nochmal. Meistens auf Reisekauffrau, auf Zahnarzthelferin oder Rechtsanwaltsgehilfe. Und wieder hat es eigentlich nichts genützt. Einer der merkwürdigsten Entlassungsgründe im Osten lautet heute: überqualifiziert.

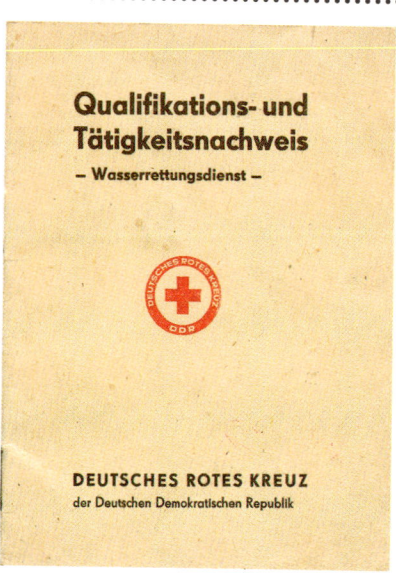
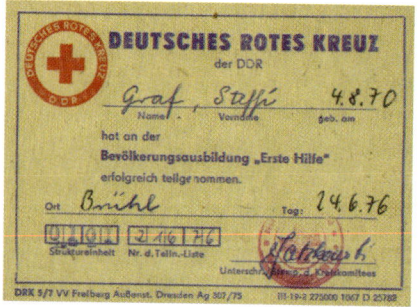

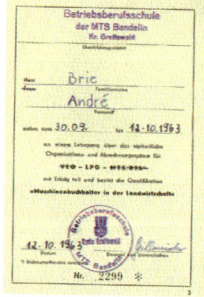

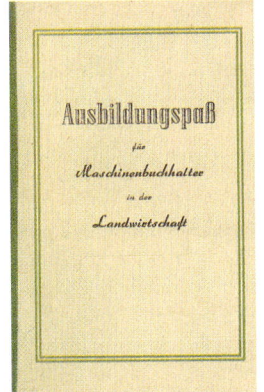
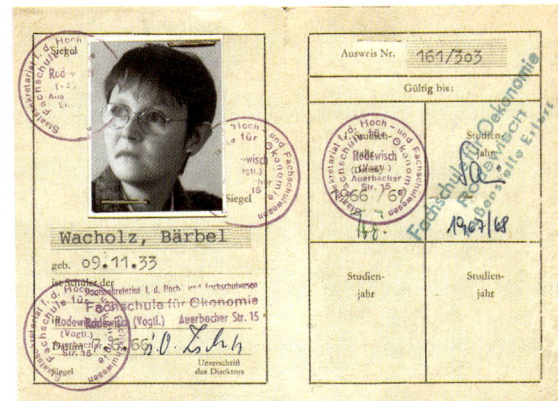

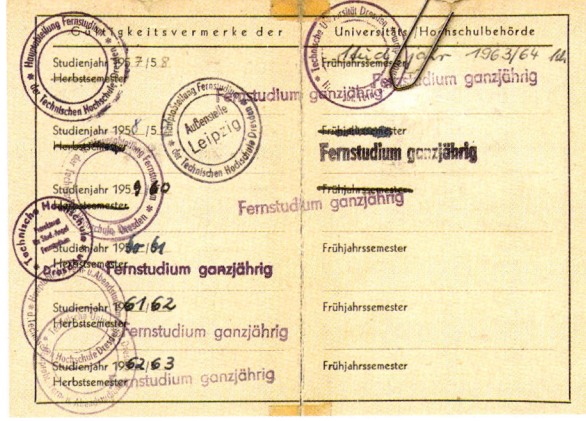
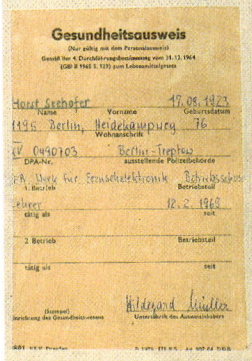
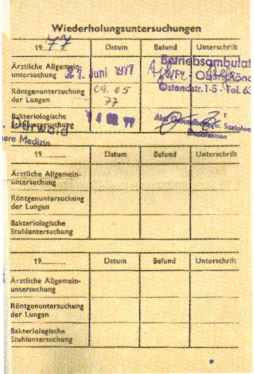

Tafel VII

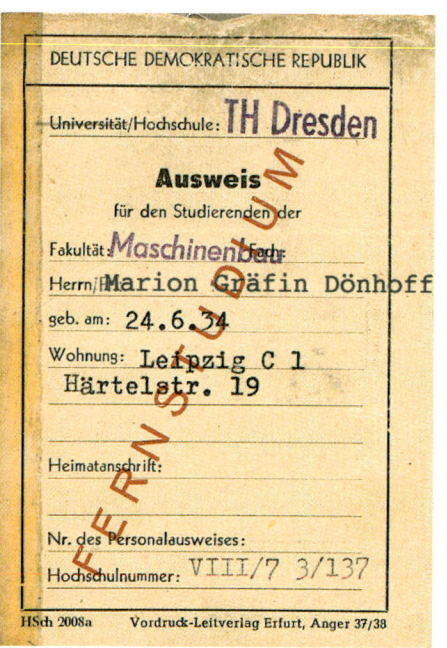

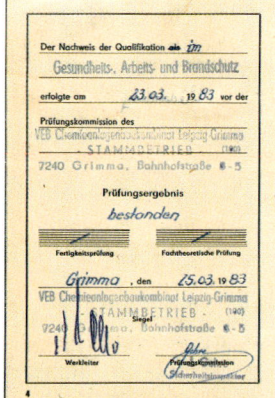
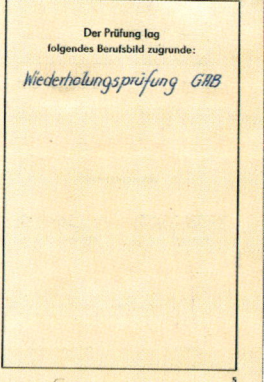

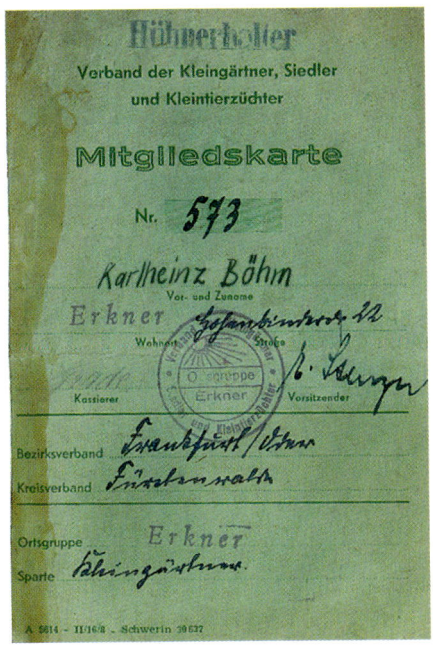

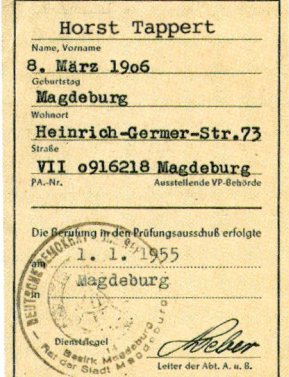

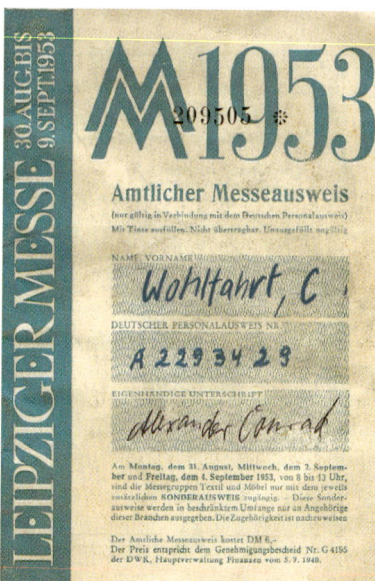
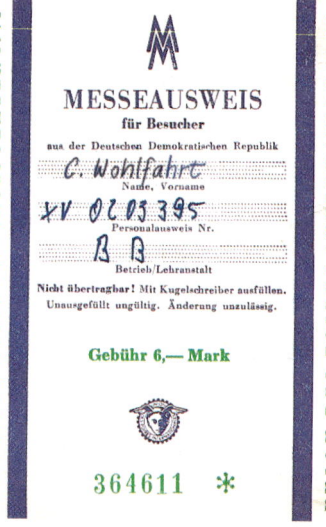

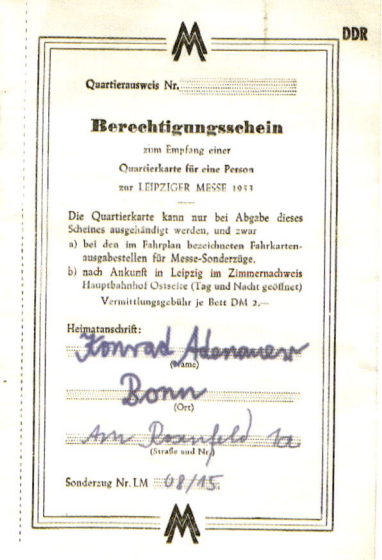

Kapitel 7
Die Heimat der Wöchnerinnen
Wie Emmy Greiner zur Partei fand

Emmy Greiner war in der ganzen Stadt für ihr Temperament gefürchtet. Wenn die Schmalkalder sie auf der Gasse sahen, grinsten sie verklemmt, guckten zu Boden und änderten die Richtung. Sie war so was wie der städtische Neger, weil es einen richtigen Neger nicht gab. Emmy sprach viel zu laut für hiesige Verhältnisse und viel zu schnell, umarmte ohne Vorwarnung fremde Leute auf der Straße, legte auf dem Weg zur Flaschenbierhandlung von Linda Lobert Tanzschrittchen ein oder fing aus dem Nichts heraus zu singen an, zu lachen oder zu weinen. Als sie klein war, machten die Nachbarn die Hunde los, wenn sie auftauchte, und Kinder schmissen Pferdeäppel auf sie. Besonders mochten die Leute nicht ertragen, wenn sie lachte. Das irritierte sie. Denn Thüringer lachen eigentlich grundsätzlich nicht.
(Thüringer grölen, wenn sie getrunken haben, krähen schadenfroh oder – insonderheit die Frauen – lächeln mit falscher Süße, desto falscher, je älter sie werden. Das muß nicht nachgewiesen werden, das ist bekannt! Die Humorlosigkeit der Thüringer hat Goethe schon beschrieben, der allerdings auch nur unter Aufbietung aller Kräfte lachte. Thüringer sind nicht heiter, sondern höchstens fidel, allerdings fast immer in der Nähe von Alkohol. Sie können auf jeden Fall über einen Furz herzhafter lachen als über einen Witz. Deshalb ist ihre humoristischste Unterhaltung auch die sogenannte volkstümliche Musik. Denn eigentlich können sie Kitsch, Aufforderung zum Rassenhaß und Humor gar nicht auseinanderhalten. Das ist bei ihnen alles eins. Eben fidel. Einen nennenswerten Humoristen haben sie nie hervorgebracht. Bis heute nicht, wo doch Humoristen überall protegiert werden.

Den Humor der Thüringer trafen am besten ihr pomadiger Rennsteigjodler Herbert Roth und der Bempel-Wirt, der mit Lederschurz durch die West-Fernsehsendung »Der Blaue Bock« tölpelte – unverstellte Greisenhaftigkeit, böse Einfalt und Deutschtum. Wenn dieser Mann – Schenk heißt er und ist noch nicht mal tot – über den »Ochsenkopf« kam, war der ganze Landstrich paralysiert. Schenk ist allerdings ein Hesse, wie Goethe, der bekanntlich den Humor aus der deutschen Dichtung vertrieben hat. Daß ihr Blauer Bock ein Hesse ist, wußten die Thüringer aber nicht, sie hielten ihn für einen Bayern. Genauso wie den Österreicher Karl Moik, der auch auf ihrer Wellenlänge schlägt und für den sie gleichfalls keine Rundfunkgebühren entrichten mußten.)

Emmy war das Resultat eines Fehltritts von Ida Greiner mit einem durchziehenden Jongleur und Messerwerfer. »Ein Rheinländer, Hermann hieß er«, beteuerte ihre Mutter bei jeder Gelegenheit laut, denn das war einige Jahre lang überlebenswichtig gewesen. Ida hatte viele Fehltritte begangen, weswegen sie auch nie einen Mann bekam, sondern krumme Beine. Später *(auf ihrer Kohlenkiste – siehe Kapitel 1)* hat sie oft an ihrem Kropf geknippelt und behauptet, die Schilddrüse wäre an allem schuld gewesen, die hätte sie »ganz närrsch« nach den Kerlen gemacht.

Eines Tages fühlte sich auch Emmy verdammt schwanger und schaute sich um, wer es wohl gewesen sein könn-

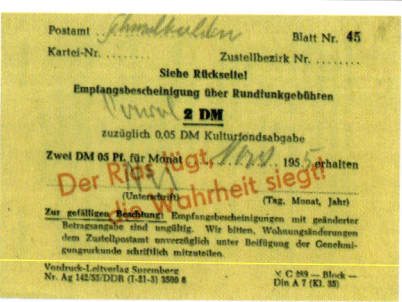

Die Heimat der Wöchnerinnen

te. Sie fand, es wäre gut, wenn es Karl Hehnlein gewesen wäre, der für seine Treue in ganz Schmalkalden bekannt war *(hat er doch einstmals als Grenzsoldat sogar seine Mutter am Schlagbaum wegtreten lassen – siehe Kapitel 6)*. Karl war es irgendwie egal. Und so zog er bei Ida Greiner ein und fing an, ihr Haus zu renovieren.

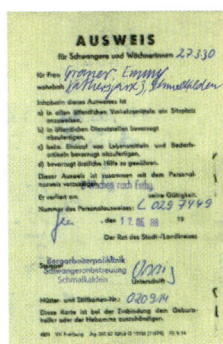

Emmys großes Glück war der Staat, der viele Kindlein zu sich kommen lassen wollte. Der machte aus der unnützen Emmy einen »Faktor Mensch«, dem man Gutes tun und den man mittig in den Mittelpunkt rücken mußte. Und es begann die schlimme Zeit, in der Emmy ganz Schmalkalden in Atem hielt.
Sie bekam einen Ausweis, in dem sie »Schwangere und Wöchnerin« genannt wurde, beides in einem. Die Generallegitimation für andere Umstände. So ein schönes Papier! Es nahm den Erfolg der Schwangerschaft antizipatorisch vorweg und legte das Kindchen, kaum gezeugt, schon ins Wochenbett. Es bestimmte, daß Emmy zwiefach wertvoll sei, als Gebärende und als Stillende, ein Muttertier mit wertvollen gesellschaftlichen Eigenschaften und einer Menge guter Vitamine, Eisen und Spurenelementen in der Milch. Zu lange hatte sich Emmy als »lediges Kind« herumschubsen lassen müssen. Jetzt schenkte ihr der sozialistische Staat drei Mutterschaftsprivilegien auf einmal: Wenn sie sitzen wollte, war ihr ein Platz freizumachen. Wenn es Pfirsiche gab (oder Badeöfen, Fliesen usw.), hatte sie das Recht des ersten Zugriffs. Und wenn ihr übel war, sollte man sie stützen. Als sie vors Haus von Dr. gyn. Karlebach am Entenplan Nummer 3 trat, besah sie sich das schöne Dokument und ihr wurde stante pede schwindelig vor Glück. Sie ließ sich sofort fallen und reckte ihren Ausweis hoch, schrie, lallte und lachte, wie es ihr immer verboten worden war. Das Volkspolizistenduo Adolf und Lothar, die sie in der Schule immer »Zischeunersche« gerufen und ins Jungsklo interniert hatten, kamen angerannt, bückten sich und

7. Kapitel

Von den Polizisten Adolf und Lothar wissen wir nur, daß sie sich schon sehr früh im Polizeigriff übten.

studierten das Papier. Sie begriffen nach einiger Zeit, was der Staat da von ihnen verlangte, hoben Emmy in den berühmten Griff, den sie schon im zarten Knabenalter im Schulsport, im Sportverein »Dynamo« und in der GST-Ausbildung (Gesellschaft für Sport und Technik) für den Fall von Zuführungen trainiert hatten und trugen sie nach ihrem Kommando durch die ganze Klostergasse bis zum Platz der Deutsch-Sowjetischen-Freundschaft. Sie strampelte selig mit den Beinen, pfiff »O sole mio« und rief den Leuten zu, was beinahe schon wie eine griffige Parole klang: »Als Mutter wirste bei uns auf Händen getragen!« Plötzlich sprang sie ab. Am Hessenhof wurden nämlich gerade Sebnitzer Kunstblumen entladen, alles rote Tulpen mit panzergrünem Stiel (kein unverdientes Glück für die Schmalkalder – dafür waren die Südfrüchte nach Suhl gegangen). Vor dem improvisierten Ladentisch rudelten sich gerade 50 Weiber zusammen. »Ich bin schwanger, wer ist mehr!« kreischte Emmy, wedelte mit ihrer VIP-Karte von der Poliklinik und drängelte sich durch. Die Frauen hoben ihre Handtaschen zum Wurf. »Schlampe«, »Saumensch«, »liederliches Ding« riefen sie. Ach, war das schön.

Von nun an war Emmy jeden Tag ihrer Schwangerschaft auf Achse. Auf dem Markt, als es Kirschen gab, die durch ein Versehen nicht nach Berlin gegangen waren, provozierte sie eine handfeste Keilerei, und Adolf und Lothar mußten sie wieder aus dem Menschenknäuel heraushauen. Sogar in der Wohngebietswäscherei drängelte sie sich vor, weil man mit der Waschkarte allein nicht bevorzugt wurde. Ihr Register an Flüchen erweiterte sich sprunghaft. Besonders gern schrie sie: »Ihr frigiden Naziweiber, ihr ausgetrockneten Bäckerpflaumen!« Zu ihren Auftritten begleiteten sie in Zugstärke johlende halbwüchsige Knaben in großgeblümten Hemden und mit pomadigen Rock'n'Roll-Frisuren und dem »Sternchen«-Kofferradio unterm Arm, die städtischen »Halbstarken«. Manchmal

Die Heimat der Wöchnerinnen

vergewisserte sich Emmy mit einem kurzen Blick nach hinten, ob sie in Ohnmacht fallen konnte und genug Hände da waren, um sie aufzufangen. Zur Belohnung durften die Jungs »das Kind berühren«. Oder ihren Ausweis lesen, den sie in einem Kreuzstichetui bei sich trug. Abends trafen sich dann alle in der MITROPA, während Karl Hehnlein zu Hause das Kinderzimmer weißte. In der Bahnhofskneipe ließ Emmy reihenweise Leute aufspringen, die auf den Zug nach Meiningen warteten. Wenn es nicht schnell genug ging, rief sie: »Leute, ich glaube, es geht los!«

Leider war der Spaß bald zu Ende. Denn Hubert kam im VP-Krankenhaus fünf Wochen zu früh zur Welt. Die Schwangerschaft war einfach zu aufreibend gewesen. Er war ein kränkliches Kind, trotz des vielen Kernobstes, das sich Emmy ergattert hatte. Als er zwanzig Jahre später wegen einer dummen Geschichte aus der Stadt verschwinden mußte *(wir wissen: die Geschichte mit dem Klappausweis im Café »Liebaug« – siehe Kapitel 3)*, sagten die Leute: »Von der Emmy der Kleine? Das mußte ja so kommen.«

Mit der Stillkarte hat sie dann nichts mehr angestellt. Da lag sie zu Haus auf Idas Sofa und ließ sich von Karl das Hubertle ansetzen. Die staatliche Wiegekarte garantierte ihr 10 Mark im Monat, vorausgesetzt, daß sie Hubert nachweislich zweimal täglich nibbeln ließ an ihrer »chemischen Werkstatt«, wie der Staat die Mutterbrust gern nannte.

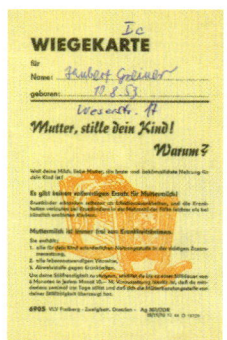

Am 1. Mai hingen an der Post die Bilder von frisch frisierten Schmalkaldern, die »den Weg zur Partei gefunden« hatten. Fünf hatten ihn gefunden. Emmy war zu sehen, und darunter stand: »Unsere Republik – die wahre Heimstatt der Wöchnerinnen und Stillenden!« Die Schmalkalder lachten. Das heißt, lachen können die ja nicht. Aber schadenfroh krächzen, das können sie.

Hubert, sagten die Schmalkalder entzückt, war ein niedliches Baby. Doch die Schuld der Täter beginnt sehr früh – wie früh, das wird der Psychologe und Schriftsteller Jürgen Fuchs (»Auschwitz in den Seelen«) uns auch noch sagen.

7. Kapitel

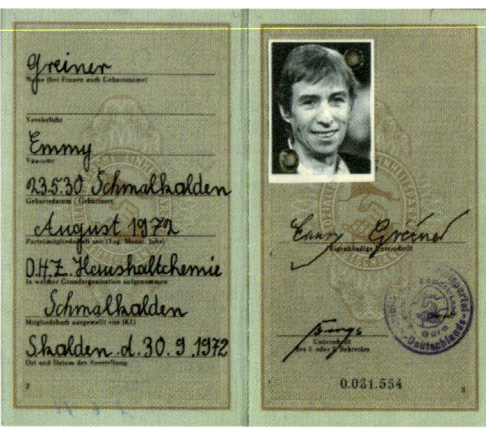

Viele Jahre später war die Emmy sehr dick geworden und alt und still. Fast so still wie zuletzt ihre Mutter Ida. Sie saß oft »am Fernsehen«, wie man hier sagt, und guckte »Verbotene Liebe«. Und wenn jemand fragte: »Emmy, na, wie geht's denn noch?«, sagte sie manchmal: »Ach, alles war net schlacht.«

Abschlußfrage:
Warum wurde in Emmys SED-Parteidokument ihre Mutterschaft nicht vermerkt?
- A   weil Mutter und Vater aller Kommunistenkinder das Mütterchen Stalin war
- B   weil sie nicht wußte, ob der, der sie geschändet hatte, ein Genosse war
- C   weil sie bereits vor ihrer Kandidatenzeit ungemeldeten Verkehr hatte

Zum Kampf sind wir geboooren ...

Tafel VIII
Zum Kampf sind wir geboooren ...

Der sozialistische Mensch war ständig auf den Kampf gefaßt. Mittwochs 13 Uhr brüllten überall im Lande die Sirenen, damit man nicht vergaß, daß es einen Feind gibt. Der Feind konnte in mancherlei Gestalt daherkommen – als RIAS-Rätselsendung, als Westpaket, als über Thüringen vom Ami abgeworfener Kartoffelkäfer, als westlich-dekadente Frisurenmode, Udo Jürgens oder Udo Lindenberg, als CIA oder als Stamokap (staatsmonopolistischer Kapitalismus) schlechthin. Manchmal kam der Feind auch in Gestalt der vier Jahreszeiten Frühling, Sommer, Herbst und Winter. Besonders perfide war, wenn der Feind in Form von zuviel Sonne übers Land herfiel, so daß die Kartoffeln mickerten und die Erntehelfer dürsteten. Gegen Feinde aller Couleur hatte der soz. Mensch die Zivilverteidigung, die Gesellschaft für Sport und Technik, die Kampfgruppen der Arbeiterklasse, die Polizei, die Staatssicherheit, den Zoll, die Grenztruppen und die Nationale Volksarmee. Im Ernstfall hätten auch das Deutsche Rote Kreuz, die Feuerwehr, die Volkssolidarität, die Kleingärtner mit ihren Forken und Sensen und der demokratische Frauenbund Gewehr bei Fuß gestanden. Die praktische Vorbereitung der Zivilisten auf den Ernstfall geschah in Zivilverteidigungsübungen, im Wehrunterricht, in Lagern zur vormilitärischen Ausbildung und bei Kampfgruppenübungen. An ein, zwei Tagen in der Woche war der sozialistische Mensch auch zu Hause, um die Fußlappen zu waschen. Manche Trophäe, mancher Orden und manche Schützenschnur aus diesen militanten Jahren schlummern noch in ostdeutschen Schubladen. Für alles wurde gekämpft: für die Versorgung mit Sternchenzwirn, für die Legeleistung der Hühner, für das Glück der Kinder, für besenreine Treppenhäuser, für den Weltfrieden, für die Einhaltung der Eisenbahn-Fahrpläne, für die Gesundheit der Werktätigen und für eine saubere Unterhaltungsmusik. Als sieben Jahre nach der Wende eine große westdeutsche Baumarkt-Kette im Osten an ihre Ladenfenster schrieb »Unsere Kampfpreise ...«, wußten die Ostler: Es geht wieder los.

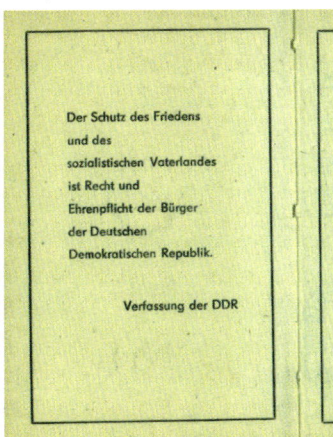

Tafel VIII

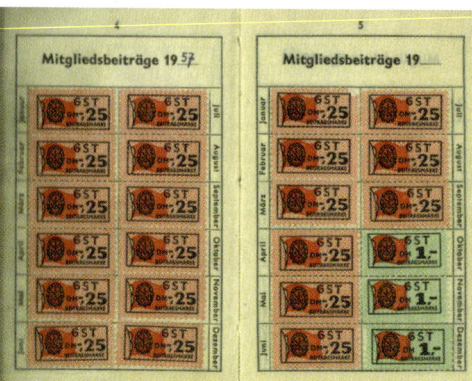

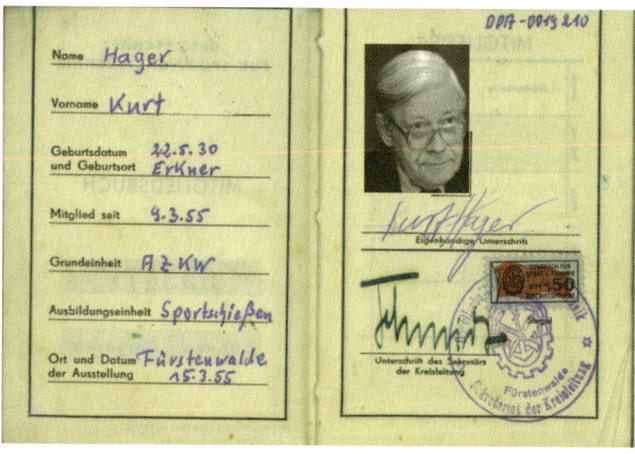

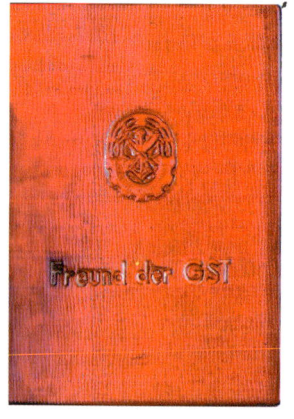

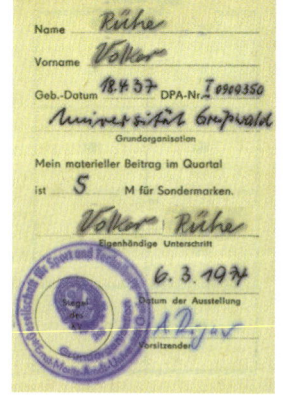

Zum Kampf sind wir geboooren ...

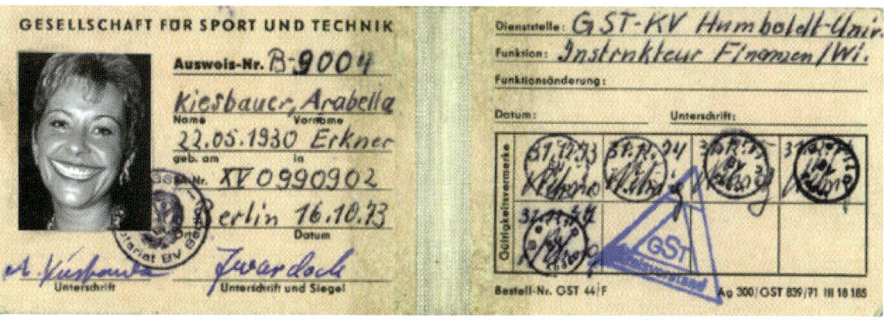

Tafel VIII

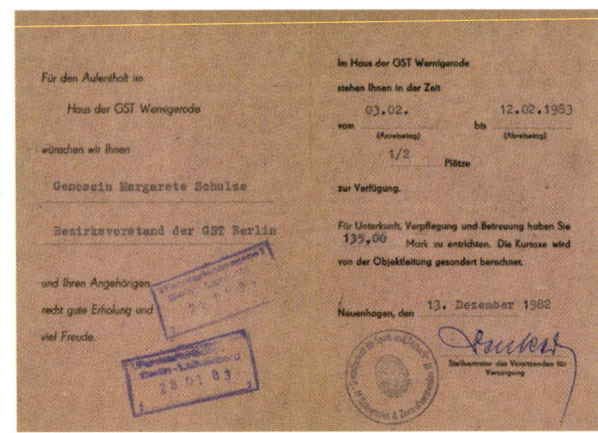

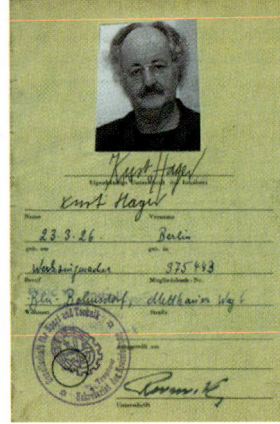
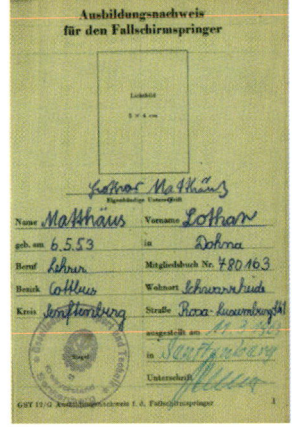

Zum Kampf sind wir geboooren ...

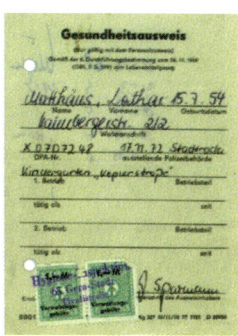
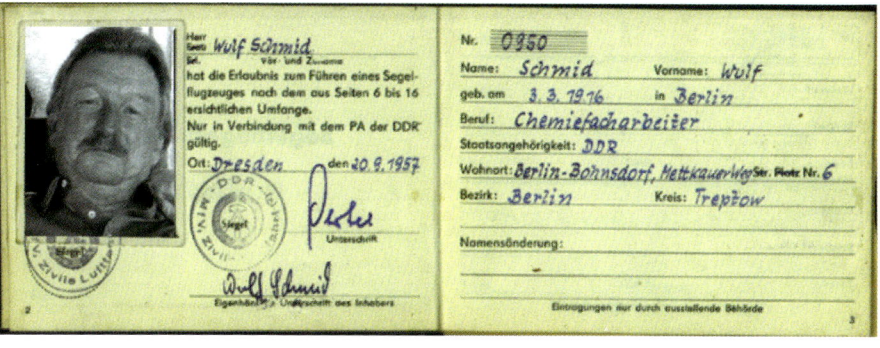
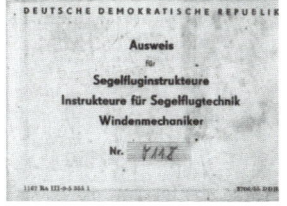

Tafel VIII

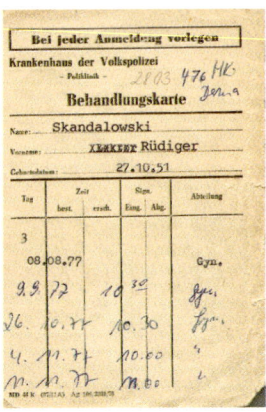
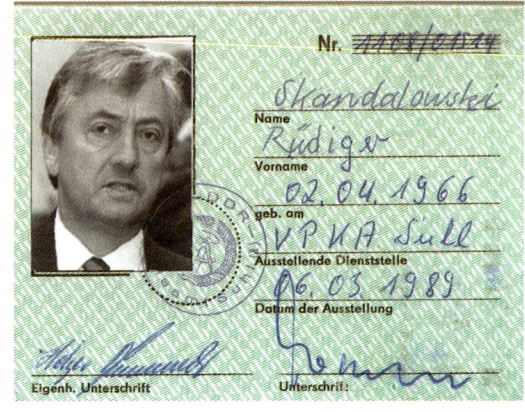

KAPITEL 8
Im Nachgeschmack leicht aasig
Wie Adele Mäder
ein verlängerter Arm des Regimes wurde

»Der Wald deckt uns festlich den Tisch mit Köstlichkeiten, von denen der gewöhnlich Sterbliche nicht zu träumen wagt«, war das Credo von Albert Detering. Die Kluft zwischen Laien, also ordinären Pfifferlingsjägern, die nur den Wald zertrampeln, und Kennern zu überbrücken, war Alberts Mission. In diesem Geiste schrieb er seine wöchentliche Kolumne im »Freien Wort« unter dem Rubrum »Früchte des Thüringer Waldes«, was ihm die Mitgliedschaft im Verband der Journalisten einbrachte. Und dieser Gedanke trug ihn mit seinem mit Goethe-Worten übersäten Lichtbildervortrag »Pilze der Heimat – Juwelen im Gesträuch« seit Jahren über die Stadtgrenzen hinaus, sogar einmal nach Sonneberg und bis nach Berlin an die Akademie der Wissenschaften.

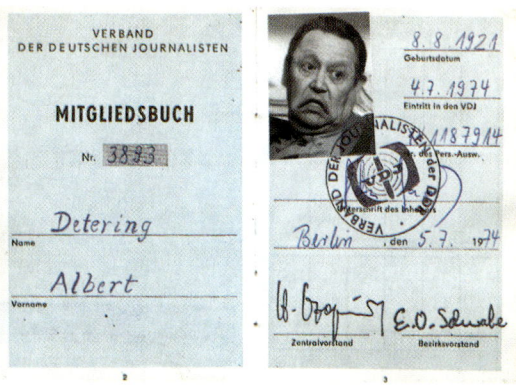

Die »Früchte des Thüringer Waldes« trugen Albert Detering auch in die Standesorganisation der Journalisten. Damals stand er im Zenit seiner publizistischen Arbeit an der Volksernährung durch Speisepilze.

Seine Vorträge waren beliebt, denn sie enthielten exakt die Quanta Philosophie, die der Mensch profanen Vorgängen, wie der Herstellung einer Pilzmahlzeit, gern verleiht. Über Deterings Auslassungen schwebte der Vergiftungstod wie ein süßlicher Schleier. Das war kalkuliert, denn »die Angst vor dem letzten aller Irrtümer ist die eigentliche Würze eines jeden Pilzgerichts«, sagte er.

»Viele Menschen lassen den empfindlichen Krempling stehen, weil sie ihn giftig wähnen. Der Pilzkenner aber weiß, wie er dem milchigen, filzigen Fleisch die Bosheit

8. Kapitel

Ab und an wurde Detering sogar in die Akademie der Wissenschaften gerufen. Er war dort beliebt, denn er kam nie ohne ein Körbchen frischer Pfifferlinge aus dem Thüringer Wald nach Berlin, das er für das Akademiepräsidium an der Pforte in der damaligen Otto-Nuschke-Straße, heute wieder Jägerstraße, ausschüttete. Mit Recht konnte er so im »Freien Wort« behaupten, daß seine Arbeit als Pilzsachverständiger bis in höchste wissenschaftliche Kreise der DDR Beachtung fände.

und Verderbnis austreiben kann und sich Gaumenfreuden eröffnet, die dem Hobbysammler immerdar verschlossen bleiben müssen.« Mit solch dunkeln Andeutungen brachte es Albert bis zum Kreispilzberater. Heute würde man sagen: Er war der Schmalkalder Pilz-Guru.

Zum Eklat kam es, als er in seiner Kolumne allen Ernstes den Genuß des gemeinen Fliegenpilzes empfahl. Es war der 8. Mai, und die Redaktion hatte den Befehl vom Sekretär für Agitation und Propaganda aus Suhl bekommen, die gesamte Wochenendausgabe unter die (damals noch nicht verbotene) Überschrift »Von der Sowjetunion lernen heißt siegen lernen!« zu stellen. Detering grübelte ein wenig und entschloß sich dann, über »die großartigen Leistungen unserer Freunde bei der Erschließung des Fliegenpilzes für die Volksernährung« zu berichten. Und zwar am persönlichen Beispiel. Sein Text ging so:

»Allgemein ist der Fliegenpilz (Amanita muscadria) im Nachgeschmack leicht aasig. Aber was bedeutet das? Verstecken sich dahinter nicht alte bürgerliche Vorurteile, die uns die Herrenrassen-Ideologen eingeredet haben? Von unserem chinesischen Brudervolk wissen wir, daß man dort gern faule Eier verzehrt und verweste Ratten sauersüß einlegt. Und doch – oder gerade deshalb? – haben die Genossen dort eine siegreiche Revolution gemacht. Sollte uns das nicht ermutigen, uns nach Osten

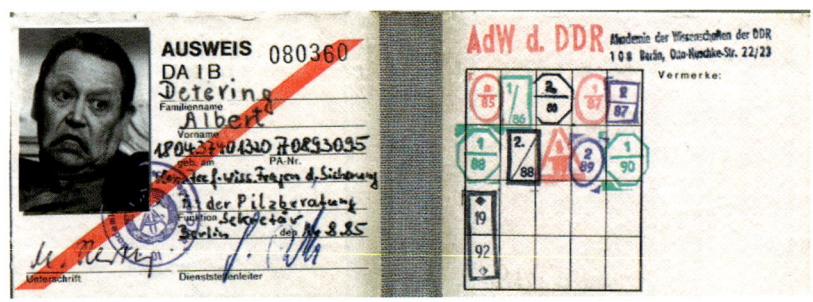

Im Nachgeschmack leicht aasig

zu öffnen? Unser sowjetischer Stadtkommandant Igor Kossikow erteilte mir 1948 den Auftrag, die Erfahrungen der ruhmreichen Roten Armee in das bis dahin bürgerlich dekadente Pilzwesen in Deutschland einzubringen. Die tapferen Rotarmisten haben auf ihrem Vormarsch nicht selten auch den gemeinen Fliegenpilz verzehrt und aus pikanten Pilzmahlzeiten neue Kraft für ihren endgültigen Sieg über den verbrecherischen Hitlerfaschismus geschöpft. Ausgerüstet mit einem speziellen, von Genossen Kossikow unterzeichneten Ausweis der Kommandantur, der es mir erlaubte, ein Fahrrad zu besitzen, und der gleichzeitig die alte Kennkarte des untergegangenen Deutschen Reiches ersetzte, habe ich in jahrelanger Arbeit ausgedehnte Fliegenpilzbewachsungen auf einer halbschattigen Anhöhe zwischen Heßles und dem Nüßleshof erkundet. Heute kann ich mit Fug und Recht feststellen: Jung und am frühen Morgen geerntet und sehr scharf gebraten, kann dieser Pilz durchaus ein Bestandteil eines köstlichen Pilzessens, ja eine Delikatesse sein. Seinen aasigen Beigeschmack neutralisiert die kluge Hausfrau mit einem Schuß Kräuteressig, wie er jetzt wieder überall in unseren HO-Läden angeboten wird. Während man im Westen unserer deutschen Heimat diese Erkenntnisse nach wie vor ignoriert, sollten alle Schmalkalder Pilzfreunde aus Anlaß des Tages der Befreiung in den Ruf einstimmen: Dank euch, ihr Sowjetsoldaten!«

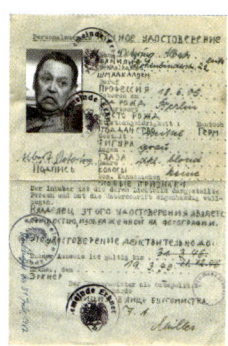

8. Kapitel

Einige Wochen geschah nichts. Denn es gab noch keine Pilze. Aber im Frühherbst des Jahres 1960 ereigneten sich in Schmalkalden zwei Todesfälle nach Pilzmahlzeiten. Das Rentnerehepaar Franz und Elisabeth Herklotz *(die Großeltern von genau jener Sonja Herklotz, die später in Kühlungsborn Erdbeerquark zweckentfremden wollte – siehe Kapitel 4)* wurde in seiner Wohnung in der Pfaffengasse im Bett, unter dem Bild vom röhrenden Hirsch, tot aufgefunden. Im liebevoll geführten Rezeptbüchlein der Elisabeth fand man Deterings Artikel vom Tag der Befreiung. Detering wurde sofort abgesetzt, entging nur knapp dem Sabotagevorwurf und fristete von nun an ein klägliches Dasein als Platzwart bei der Sektion Dienst- und Gebrauchshundewesen.

Das »Freie Wort« schaffte auf Anweisung der Abteilung Agit.-Prop. des ZK der SED die Pilzrubrik ab und informierte statt dessen in loser Folge über Erste Hilfe bei Lebensmittelvergiftungen und Verletzungen im Haushalt. Das Kulturhaus in Sonneberg ließ ausrichten, die Heizung sei auf unabsehbare Zeit kaputt, so daß weitere Vorträge durch ihn entfallen müßten. Sogar im Sommer. Damit war Detering auch als Publizist ein für allemal erledigt.

In diesen für die Schmalkalder bewegenden Tagen machte Adele Mäder nur ungern ihre Tür in der Kothersgasse auf. Denn meistens stand Frauke Pufendorf von der Unterabteilung des Ministeriums für Inneres davor.

Im Nachgeschmack leicht aasig 97

Adele *(eben die, vor der der brave Karl einst an den Schlagbaum flüchtete – siehe Kapitel 6)* war zwar gewelkt und kloßig geworden, aber doch das liederliche Mensch von damals geblieben.

Ihr Sozialversicherungsausweis wies viele Eintragungen auf – als Verkaufsaushilfe in der Milchhalle, als Beiköchin im Schulhort, als Reinigungskraft und als Erntehelferin im Hopfen. Aber eben auch diverse Lücken. Adele war der Meinung, die hätte sie sinnvoll ausgefüllt, indem sie zeitraubende Intimverhältnisse mit Arbeitern vom Talsperrenbau eingegangen war. Schließlich habe sie sich damit doch auch irgendwie nützlich gemacht. Doch die von Inneres mochten es nicht, wenn Adele ein Arbeitsverhältnis floh, in welches Verhältnis auch immer. Sie mochten das grundsätzlich nicht. Die Staatsmacht hatte für Leute wie Adele den Asozialen-Paragraphen bereit. Und ein winziges Kürzel in den Tiefen des Personalausweises, einen Code, den jeder Streifenvolkspolizist im Kopf unter seiner Mütze trug.

Adeles DPA der DDR enthielt zudem die dezente Notiz »HWG« – häufig wechselnder Geschlechtsverkehr. Im Volksmund auch gern »Nuttenstempel« genannt. Es hatte überhaupt keinen Sinn mit Frauke Pufendorf darüber zu diskutieren, was denn »häufig« sei. Frauke Pufendorf

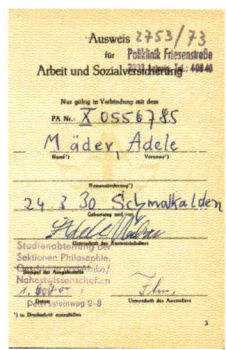

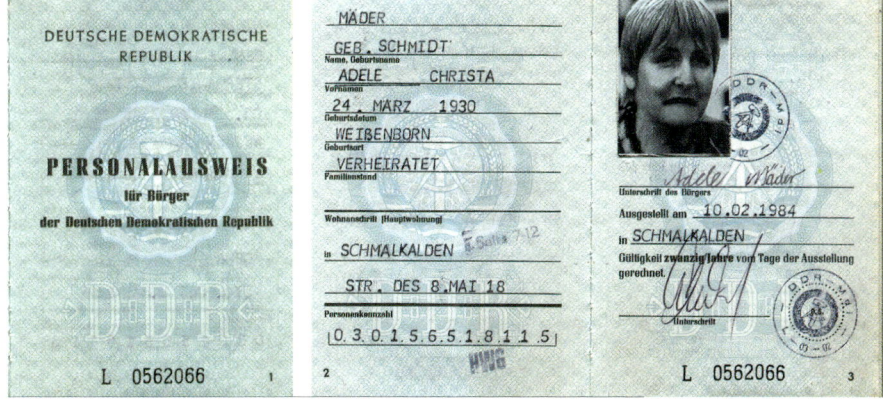

wechselte nämlich niemals den Geschlechtsverkehr, und das ging schließlich auch.

Mit so einem vielfältig gestempelten Ausweis konnte man keine großen Sprünge mehr machen. Nicht mal in die Tschechei, geschweige denn nach Bulgarien. Dennoch suchte die Unterabteilung vom Ministerium für Inneres weiterhin das Gute im Innern des Menschen. Warum nicht auch im Innern von Adele? Frauke Pufendorf kümmerte sich rührend um sie. Sie weckte Adele gelegentlich durch unsanftes Rütteln an der Haustür, wenn ihr eine Stelle zugewiesen worden war, las ihr immer mal wieder die Normen des sozialistischen Gemeinschaftslebens vor und stellte ihr beiläufig Gefängnis in Aussicht. (*Viele Jahre später* hat ein berühmter Bürgerrechtler den Zwang zur Arbeit als die eigentliche Unfreiheit dieser Gesellschaft entlarvt.)

Dann wurde es Zeit für Adele, sich für all die staatliche Fürsorge auch einmal zu revanchieren. Denn als Detering, der mit dem »Freien Wort« so gut wie gemordet hatte, »in Ungnade« gefallen war, suchte der Rat des Kreises dringlich einen neuen Kreispilzberater aus der nichtberufstätigen Bevölkerung.

Adele, die bisher einen Steinpilz von einem Stopfpilz nicht unterscheiden konnte, wurde zu einem Lehrgang nach Sonneberg verschickt. Absichtlich so weit weg, sagte die Pufendorf, damit sie keinen Besuch von der Talsperre mehr empfangen könne. Adele spürte die Notwendigkeit, und es entsprang ihr Einsicht in dieselbe. Und der Mensch wächst mit seinen Aufgaben (wie eine der zentralen Fehleinschätzungen der Regierung lautete). Sie lernte, daß der Brätling ein sehr geschätzter, milder Speisepilz ist, der aber in gekochter Verfassung leimig wird. Sie begriff, daß nach dem Genuß des Kahlen Kremplings ein rapider Verfall der roten Blutkörperchen einsetzt, vor allem wenn man ihn an Ort und Stelle roh verspeist. Sie lernte einen exzentrischen Stielansatz von einem mittigen und einen Edel-

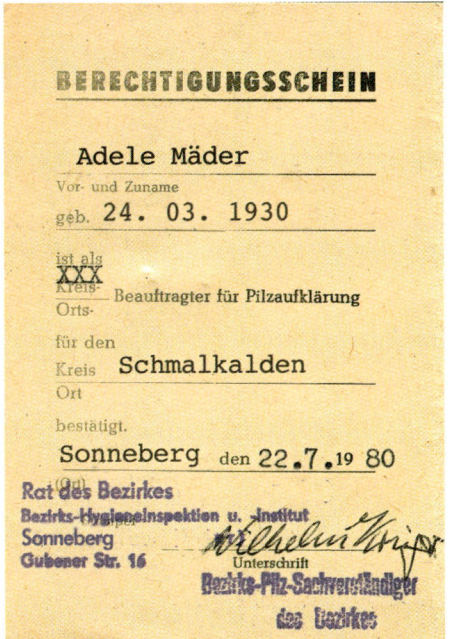 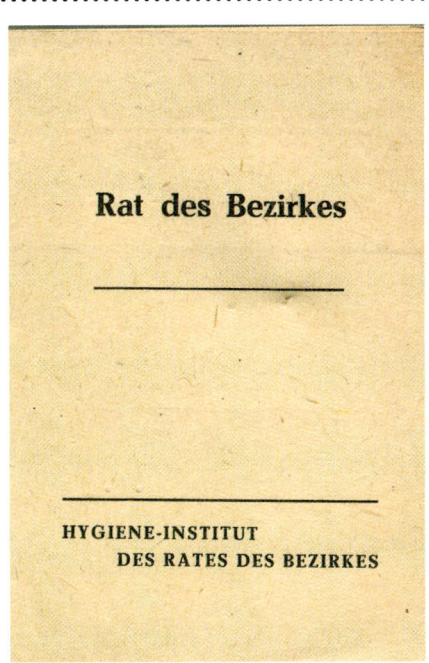

reizker von einem Zottigen Reizker zu unterscheiden, was nicht so einfach, unter Umständen aber lebenswichtig ist. Geprüft wurde sie im Grünspanträuschling und bestand mit »Gut«.

Aus Sonneberg zurück, schraubte sie das Schild »Staatl. gepr. Pilzberater« an ihre Tür, an der nun niemals mehr Frauke Pufendorf rüttelte. In der ersten Zeit kamen noch ein paar Jungs von der Talsperre. Aber da immerzu alte, erdig riechende Frauen in dunkeln Schürzen und ohne Gebisse in Adeles Diele neben ihren Pilzhaufen saßen, blieben die Jugendfreunde bald weg. Auch wurde aus Adele nun Frau Mäder, fast so wichtig wie der Kreisschulrat, der Kreistierarzt und der Kreisarbeiter- und Bauerninspektor – so was legt sich nicht mehr einfach so auf die Matratze. Sie wurde gelb, trocken und spelzig mit den Jahren, wie der Runzelschüppling, den man im Juni unter Kiefern findet.

8. Kapitel

Zu einem Lichtbildervortrag brachte sie es freilich nie. Dazu gebrach es ihr an Poesie und Goethe-Kenntnis.

Viele Jahre später kletterte Albert Detering auf die Stufen der Post und rief den Schmalkaldern zu, das Regime, das ihn so lange geknechtet und ihm heimtückisch die berufliche Entwicklung verbaut habe, müsse nun endgültig zerschlagen werden. Die Leute hörten ihn wohl, wußten aber auch nicht gleich, wie sie dem Manne helfen sollten. »Die Mäder, das Mensch, der lange Arm der Staatspartei in der Pilzberatung!« trompete Albert in den revolutionären Herbstabend hinein. Und die Menschen, die bisher alle Pilzmahlzeiten ohne oder trotz Beratung überlebt hatten, antworteten ihm wohlgemut: »Wir sind das Volk!«

Schon am nächsten Abend hielt Albert Detering, »nach langer, erzwungener Abstinenz«, wie es auf den Plakaten beziehungsreich hieß, in der HO-Gaststätte im Ehrental seinen legendären Lichterbildervortrag »Pilze der Heimat – Juwelen im Gesträuch«. Dieser hatte nichts, aber auch gar nichts von seiner philosophischen Tiefe und morbiden Ambiguität verloren. Und die Schmalkalder fanden, die Pilzberatung habe nun wieder jenes kulturelle Niveau erreicht, das ihr in zivilisierten Staaten gebührt.

Abschlußfrage:
Wem gegenüber mußte ein staatl. gepr. Pilzberater sich mit seinem Pilzberaterausweis ausweisen?
- A gegenüber unter Naturschutz stehenden Morchelarten
- B gegenüber den Hinterbliebenen
- C gegenüber dem untersuchungsführenden Staatsanwalt

Wo ein Genosse war, war die Partei

Tafel IX
Wo ein Genosse war, war die Partei

Doch wo sind sie jetzt, die fast drei Millionen Genossen, sofern sie nicht ein bißchen gestorben sind? Das soll nicht Gegenstand dieser Abhandlung sein, wiewohl gewiß mancher der Genossinnen und Genossen unter der Leserschaft weilt. Denen möchte diese Tafel eine kleine Erinnerungstütze an ihre führende Rolle sein, für den Fall, daß sie ihre Dokumente (das Parteibuch hieß nur »das Dokument«) in die öffentliche Kanalisation entsorgt haben sollten. Aufmunternd möchten die Autoren dieses Kompendiums ihnen zurufen: Es war nicht alles schlecht! Beispielsweise der Humor der Parteitage, der war doch zum Schießen! Jedenfalls hat er der Nonsenskultur von Helge Schneider, Harald Schmidt und Wigald Bohning kräftige Impulse verliehen.
Ein Beispiel sollten sich die ehemaligen SED-Mitglieder an ihren Genossen in CDU, LDPD, NDPD und Bauernpartei nehmen. Die haben nicht verzagt und ihre Parteiarbeit selbstbewußt in neuer Kampfformation fortgesetzt.

  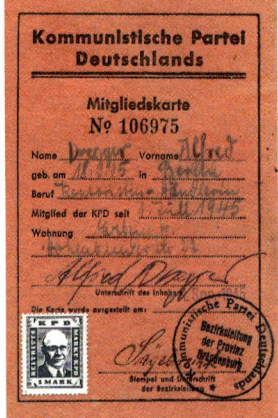

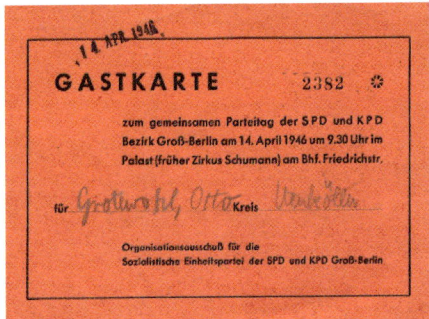

Tafel IX

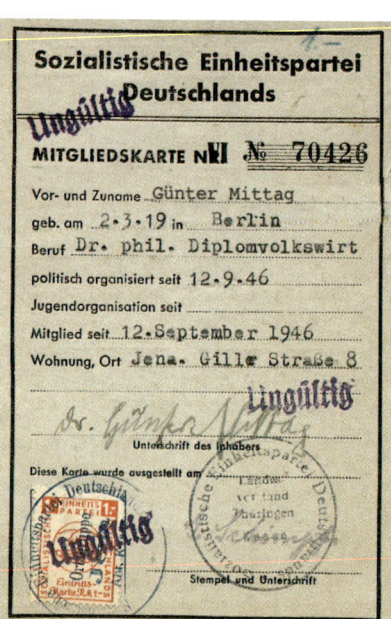

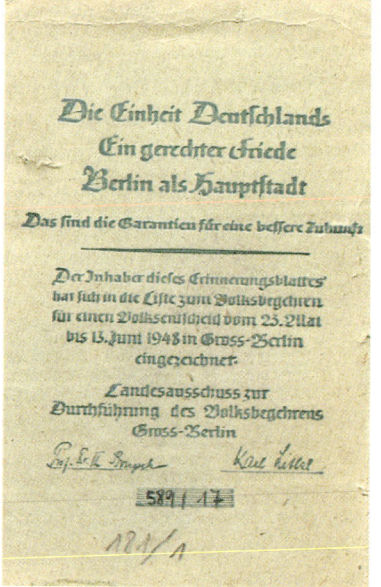

Wo ein Genosse war, war die Partei

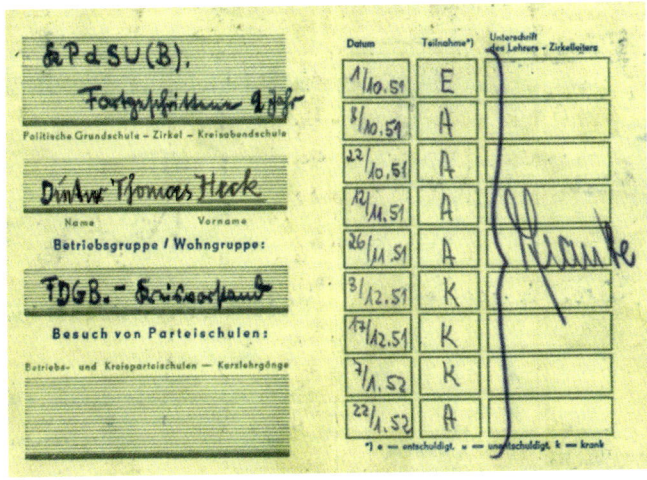

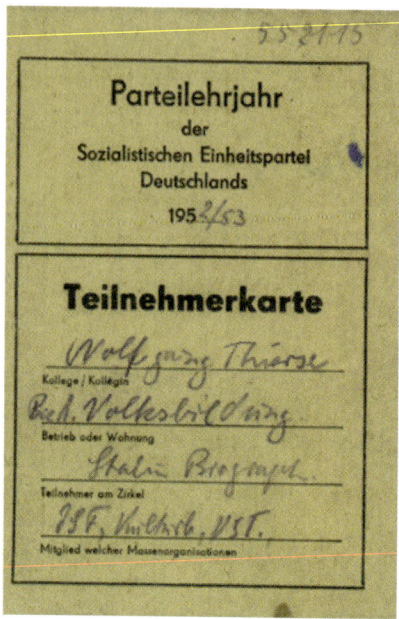
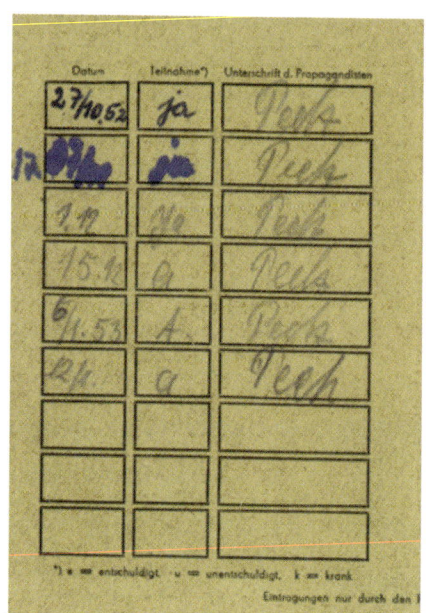
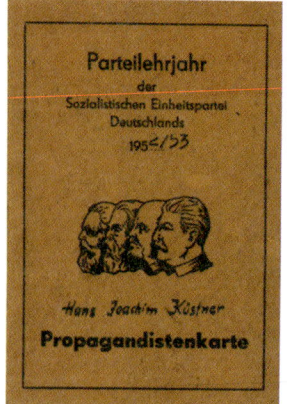
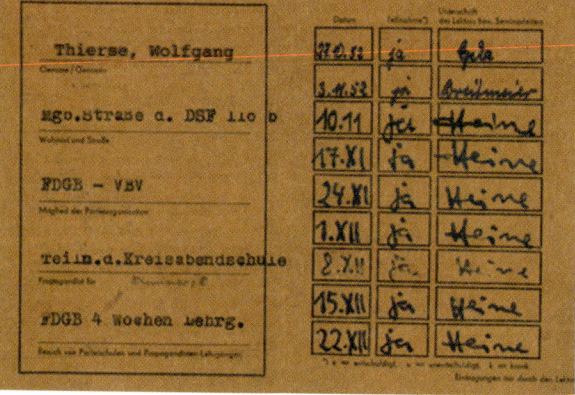

Wo ein Genosse war, war die Partei

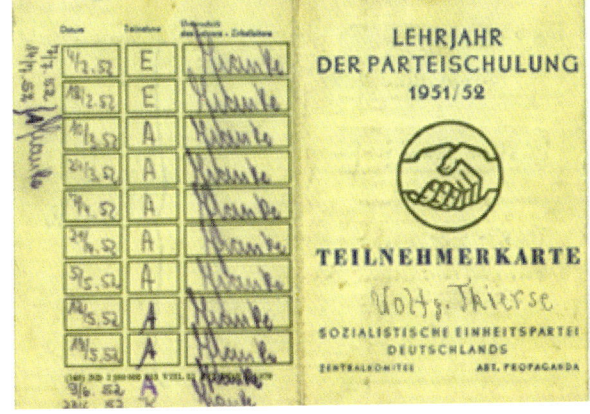

Tafel IX

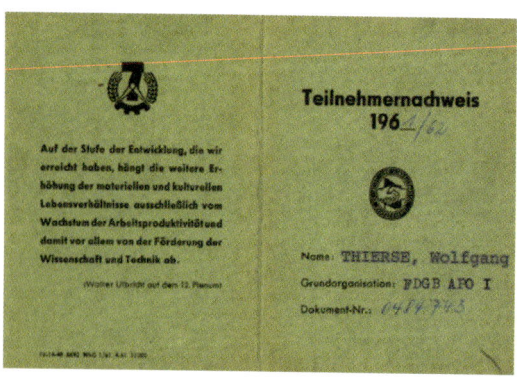

Kapitel 9
Die Materie ist ewig
Wie Pfarrer Steigleder Zwietracht säte

Zu Marion Greiners Jugendweihe waren alle fürchterlich betrunken. Mancher der Gäste versuchte anschließend, die unerhörten Vorfälle, die sich ereignet hatten, mit diesem Umstand zu entschuldigen. Dabei hatte alles seine Logik. Und blieb eben trotzdem – oder eben deshalb – rätselhaft. Vielleicht auch, weil hier Personen auf den Plan traten, die sich ungern völlig durchschauen ließen.

Es begann harmlos. Pfarrer Steigleder, Kreistagsabgeordneter der CDU, saß auf dem Teppich, hatte sich das lang herabhängende Ende der Tischdecke wie einen Baldachin über die Ohren gezogen und nahm Emmy Greiner die Beichte ab. Das war keinesfalls ein Sakrileg, denn hier ist man protestantisch. »Schwätz mich net katholisch!« ist der Lieblingsspruch der Schmalkalder, seit Luther in ihrer Lokalpolitik mitmischte.

Dieser Ausweis belegt: Auch in finsteren Zeiten stand Steigleder auf der heutzutage erst recht richtigen Seite.

»Ich kann Ihren Predigten gar net mehr recht folgen, Herr Pfarrer«, hauchte Emmy durch die Rosenstickerei, hinter der sie Steigleders seelsorgerisches Ohr vermutete.
»Ich auch nicht, meine Tochter«, gluckste Steigleder.
»Ich denke allzu nur an Ihr strammes Steigleder!«
»Das kann ich nur empfehlen, meine Tochter.«
Hinrike und Annegret, die gealterten Nichten, die am Markt einen Schreibwarenladen betrieben, quiekten und begannen das Rennsteiglied zu rufen. Sie kamen aus innerer Verpflichtung zu allen erreichbaren Familienfesten, denn sie hielten sich für Stimmungskanonen. Onkel Wilhelm *(der Aufklärer – siehe Kapitel 5)*, der für den Festtag Freigang aus der Mühle hatte, stand auf und schüttete ein großes Glas »Weinbrand Auslese« auf das Tischtuchgebiet, unter dem Steigleders Kopf steckte. Dazu

9. Kapitel

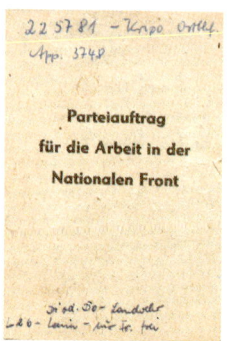

Welchen Parteiauftrag Pfarrer Steigleder von der Schmalkalder CDU erhielt, daran kann er sich heute, trotz heftiger Nachfrage, nicht mehr erinnern. Man kann aber davon ausgehen, daß er – wie seine Glaubensgenossen Joachim Gauck, Pfarrer Eggert und Kirchenfürst Stolpe – immerdar nur das Gute und Schöne wollte.

schmetterte er seinen Lieblingssatz, der ihm – wie jegliche Agitation im Namen der Nationalen Front – in der Anstalt aus therapeutischen Gründen streng verboten war: »Der Zionismus ist zinisch, sonst hieße er ja nicht Zionismus!«

»Ich wandre ja so gerne«, brüllten die Nichten, umkreisten Steigleder wie das Fernsehballett und ließen abwechselnd blitzschnell sein tischtuchverhülltes Haupt unter ihren Röcken verschwinden. Immer wenn eins der Mädels den Rock hob, versuchte Onkel Hubert hinterrücks und hinterlistig, mit drunter zu kommen. »Du bist meine Deckadresse«, lallte er Hinrike zu. Die Gäste lachten Tränen, denn es waren – wie schon gesagt – Thüringer. Marion, der Jugendweihling, »die Hauptperson« des Festes, war schon nach dem Kaffee in ihrer neuen Rüschenbluse (die viel später von der Thüringerin Claudia Nolte zum Ehrenkleid aller Powerfrauen gemacht wurde) zu ihrer FDJ-Gruppe geflohen, die in der Turnhalle kollektiv das Rauchen übte und freimütig diskutierte, ob man Petting auch mit Sportgeräten machen könne oder nur im Blauhemd, wie es in der »Jungen Welt« stand.

Jetzt tauchte der feuchte Steigleder wieder auf, hängte sich die Tischdecke um die Schultern und grabschte auf der Anrichte, wo die Weihegeschenke für Marion wie auf einem Altar aufgerichtet waren, nach »Weltall – Erde – Mensch«, dem Standardwerk für die heranwachsenden Werktätigen, der Stolz und die Freude in jedem Jugendweihehaushalt.

»Dies, liebe Gemeinde, ist das Buch der Wahrheit«, fistelte Steigleder wie der Staatsratsvorsitzende, von dem das Geleitwort zur Atheisten-Bibel stammte. Hinrike und Annegret juchzten. Emmy warf die Faust und schrie: »Hoch! Hoch! Hoch!«

»Wir haben uns das Ziel gesetzt, den Aufbau der sozialistischen Gesellschaft in der Deutschen Demokratischen

Die Materie ist ewig

Republik zu vollenden«, las Steigleder vor. Er gluckste und schniefte vor Vergnügen. »Da, wie die Wissenschaft beweist, die Materie ewig ist, wird der Sozialismus auch in ganz Deutschland siegen. Amen.«
Hinrike und Annegret stürzten dem Pfarrer zu Füßen und küßten den Tischtuchsaum.
»Nun wollen wir es aber mal genug sein lassen mit dem Lachen auf Kosten der fortschrittlichsten aller bisherigen Gesellschaftsordnungen«, dröhnte ein Baß vom anderen Ende der Tafel. Das klang nicht böse, eher wie eine väterliche Ermahnung.
Steigleder wurde schlagartig wach und rief überdreht: »Ein Scherz, lieber Wohlgemut. Natürlich ein Scherz! Wenn das ernst gemeint gewesen wäre – mein Gott, also ... Also, das wäre dann ein dummer, nein, sogar ein sehr dummer Scherz gewesen.«
»Na eben, wo doch euer Bischof Moritz Mitzenheim unseren Genossen Walter Ulbricht so lieb hat, Steigleder«, bekräftigte Landolf Wohlgemut und wandte sich wieder dem Kartoffelsalat zu. Er war extra aus Suhl rübergekommen. Er war ein Kamerad von Karl Hehnlein. Die beiden standen vor Jahren zusammen Posten am Schlagbaum von Heldburg *(wo Lore Hehnlein einst nicht durchgelassen wurde – siehe Kapitel 6)*. Außerdem war er ein Vorgesetzter von Onkel Hubert, was aber niemand wissen durfte, weil ja auch niemand wissen durfte, daß Hubert bei der Firma war, obwohl er es doch überall erzählte. Und schließlich – um den dritten Grund für sein Erscheinen zu nennen – war er Marions Patenonkel. Er hatte ihr eine lederne Schreibmappe zum Geschenk gemacht, auf der in Gold eine Friedenstaube geprägt war, mit einem Ölzweig im Schnabel.
»Nehmen Sie sich zusammen, Herr Pfarrer«, trompetete Karl ziemlich betrunken, »Landolf ist bei der Firma ein hohes Tier. Sie wären nicht der erste, mit dem er sich anlegt.«

»Ich weiß, ich weiß«, lachte Steigleder, »ich schätze den Herrn Wohlgemut persönlich sehr. Und natürlich auch seine Arbeit. Und wünsche guten Appetit, wenn vielleicht auch etwas verspätet!« Er tauchte in den Kartoffelsalat. Landolf grinste und prostete Steigleder zu: »Zum Wohl! Und mach dir man nicht ins Hemd!«
Hinrike und Annegret nahmen ihren folkloristischen Can-Can wieder auf und versuchten, Wilhelm zum Tanzen zu bewegen. »Die Konsummarken!« schrie Karl plötzlich und schmiß die Arme in die Luft, als habe ihn eben eine Eingebung ereilt, die außerordentliche Unterhaltung verspricht. »Unsere lieben, süßen, hinten leckeren Konsummarken. Ihr Lühd, wißt ihr was? Ihr kommt net drauf: Ich klebe jetzt die Konsummarken!«
»Das wirst du schön bleiben lassen. Du bist ja besoffen«, zischte Emmy und hackte einen Suppenlöffel in die Tischkante. Das Kleben der Konsummarken war nicht irgendwas im Leben einer gut funktionierenden Familie. Es war neben Ostern, Weihnachten und dem 1. Mai der vierte Höhepunkt im Jahr. Man konnte ihn je nach Wetterlage ansetzen. Wenn es an einem Wochenende einmal richtig säute (wie man hier sagt), konnte man Konsummarken kleben. In einigen Familien, in den bessergestellten, machte man sich dieses Vergnügen vierteljährlich oder gar monatlich. Wer monatlich klebte, war Elite.
Außerdem war das Kleben ein höchst intimer Vorgang, ein heimeliger, ein vertraulicher. Am Klebetag wurden bei Greiners Türen und Fenster wegen des Luftzugs geschlossen und der Küchentisch freigeräumt. Die Marken wurden in die Mitte geschüttet, und das Hubertle rührte sie schön durcheinander. Die gesamte Familie war dienstverpflichtet: Karl durfte kleben, weil es akkurat aussehen mußte. Ida kochte den Malzkaffee, die anderen mußten die Marken nach Farben sortieren, und Marion mußte zum Schluß den Rabatt ausrechnen, den die Fa-

Die Materie ist ewig

milie erwarten durfte – schließlich ging das Kind auf eine Oberschule mit erweitertem Mathematikunterricht. Totale Harmonie breitete sich aus. Denn man erinnerte sich selig der vielen schönen Dinge, die man im Konsum gekauft hatte. Man genoß zum zweiten Mal die Früchte der Arbeit, diesmal im Geiste. Und nur manchmal mischte sich etwas Wehmut oder gar Zorn auf die Deutsche Demokratische Republik hinein, wenn beispielsweise der Röhrenempfänger »Oberon«, der unverschämt viele Marken eingebracht hatte, das Klebeintervall nicht überstanden hatte.

So war der Klebetag. Und es war doch klar, daß er mit dem Tag der Jugendweihe so wenig zu tun hatte wie Himmelfahrt mit Totensonntag. Und dann, was sollte Steigleder denken!

»Der Sieg des Sozialismus, Herr Steigleder, kommt vor allem in der Anzahl der Konsummarken zum Ausdruck. Das hat schon Lenin festgestellt«, erläuterte Karl. Und Onkel Wilhelm, jetzt, wo das Gespräch in die Tiefe zum Wesentlichen ging, weiter denn je vom Zionismus entfernt, ergänzte: »Der Frieden von Brest-Litowsk war auch so eine Sache. Einige haben ihn Schandfrieden genannt.«

Karl hatte bereits den Schuhkarton mit den Konsummarken aus der Anrichte geholt, die beiden Nichten kreischten verzückt bei dessen Anblick, als sei ein Westpaket angekommen. Und Hinrike, die noch dümmere von beiden, haute mit der flachen Hand von unten ge-

gen die Schachtel. Es schneite Hunderte winzige Konsummarken. Sie deckten Steigleder mit seiner Tischdecke zu, legten sich auf die Kalte-Bratenplatte und in die Schlagsahne-Schüssel, schwammen auf der Erdbeerbowle und klebten auf abgeleckten Tellern. Annegret stimmte an »Frau Holle, Frau Holle, die schüttelt Konsummarken aus ...« Hinrike schrie: »Da schauts ä wäng, eine will mir in den Busen, Herr Pfarrer, eine von den gelben!« Es folgte ein Herbert-Rothscher Jodler.

»O Gott, was bist du so doof wie ein Stock!« schimpfte Emmy. Natürlich war nicht Gott, sondern Karl gemeint. Steigleder aber nutzte die Anrufung des Herrn, um sich mit den Worten »Die Materie, wie die Wissenschaft beweist, ist ewig – aber ich muß« zu verabschieden – Greiners war nicht das einzige Jugendweihehaus, das an diesem Abend auf ihn wartete.

Sobald Steigleder aus der Tür war, lief Emmy blau an, schrie wie unter Schock, hastete nach dem dicken Konsumklebeheftchen auf dem Boden des Kartons, dem einzigen, dem unikalen Nachweis für treuen Konsum beim Konsum, und rannte damit auf den Hof, wo sie im Herzhäuschen verschwand. Eine typische Emmysche Überreaktion. Jawoll, Karl hatte ihr die Feier verdorben, das größte und schönste aller Familienfeste, von Beerdigungen mal abgesehen. Er hatte sich an ihren Konsummarken vergriffen, das Kleberitual verletzt und den Pfarrer brüskiert, er hatte die Bowle versaut und die Sahne beschmutzt.

Aber war das ein Grund, in überschwappender Hysterie das sorgsam geführte Konsumklebeheftchen in der Klärgrube zu versenken? Zumal die Abrechnung vom Vorjahr noch ausstand, die mindestens zweihundertfünfzig Mark erwarten ließ? War der Haß so groß?

Emmy stand im Hof, in dem zweiteiligen dunkelgrauen Kleidungsstück, das »Kostüm« genannt wurde, und heulte. Die Hühner gackerten dazu.

Die Materie ist ewig

Nun muß man wissen, daß Landolf Wohlgemut ein echter Kumpel war. Landolf ließ niemanden im Stich. Das Konsumklebeheftchen zu verlieren, ob mutwillig oder aus Versehen – das war so ein herber Schlag für jede Mitgliedsfamilie. Da muß man einfach helfen. Er legte seinem alten Freund Karl, der traurig in der Diele stand, beruhigend die Hand auf die Schulter und blinzelte den Nichten, die sich verschreckt über eine Flasche Eierlikör hermachten, aufmunternd zu. Dann nahm er erstens einen Klaren und zweitens alle seine Ausweise aus dem Sakko und legte sie säuberlich nebeneinander: Taucherausweis 1 und 2, Schweißberechtigung für Taucher, Sprengberechtigung für Taucher. Und ganz zum Schluß den kleinen Ausweis, den er immer – eine Marotte vielleicht? – am Kettchen trug.

»Du paßt mir auf, daß damit niemand Unfug macht, wenn mir was passiert«, sagte er zu Wilhelm, gewissermaßen von Aufklärer zu Aufklärer. »Die Zionisten!« Wilhelm hatte verstanden.

Was dann geschah, ist nicht exakt überliefert. Und unterliegt wohl auch einer gewissen Geheimhaltung. Die Festgesellschaft sah Landolf ruhig und sicher über den Hof zum Herzhäuschen schreiten. Onkel Hubert trug ihm das Werkzeug, einen etwa einen Meter langen Waschmaschinenschlauch. Eine Taucherbrille hatten sie nicht dabei. Emmy stand verheult im Hof und sah den beiden nach. Es war wie im Kino.

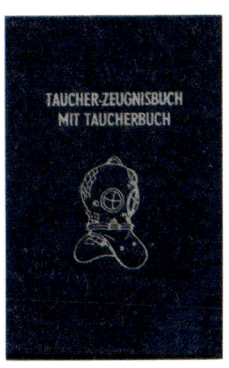

Viele Jahre später gab es keinen Konsum mehr. Dafür gab es manch andere neue Dinge. In einer Pressemitteilung der Gauck-Behörde hieß es, ein gewisser Landolf W., Kampftaucher des Mielke-Imperiums und von der Staatsanwaltschaft gesucht, sei wieder aufgetaucht, irgendwo in einer wasserreichen Gegend. Alle, die ihn damals über den Hof schreiten sahen, atmeten erleichtert auf. War er also wieder da, der Gute! Steigleder, inzwischen stell-

9. Kapitel

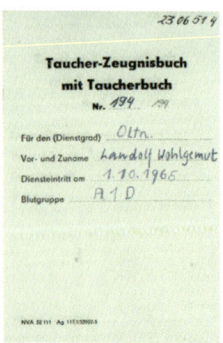

vertretender Fraktionsvorsitzender der CDU im Landtag, erinnerte in einem Fernsehinterview daran, daß dieser W. es war, der seinen, Steigleders, Widerstand bei einer kommunistischen Jugendweihefeier zu brechen versucht hatte.

»Und bis heute«, klagte er vor erschüttertem Publikum, »hat der Mann sich nicht bei mir entschuldigt.«

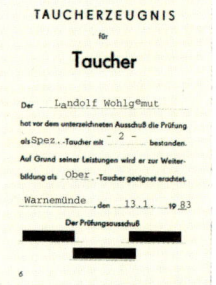
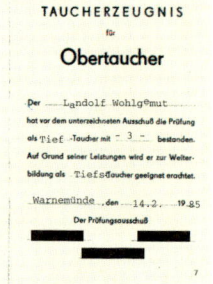

Dieser Dienstgrad wurde im MfS erst 1990 eingeführt.

Abschlußfrage:
Mit welchem Ausweis hätten die Nichten Hinrike und Annegret ihre Anwesenheit bei Familienfesten auch beruflich begründen können?
A   mit dem Mitgliedsausweis des Komitees für Unterhaltungskunst
B   mit der Klappkarte des MfS
C   mit einem Teilnehmerausweis für die Arbeiterfestspiele

Republik der Konsumenten

Tafel X
Republik der Konsumenten

Die mächtigste Massenorganisation der DDR war nicht die SED und auch nicht die Gewerkschaft, sondern der Konsum. Seine Mitglieder setzten durch, daß DDR-Bürger nicht nur produzieren, sondern auch konsumieren durften, sofern sie vernünftigen Bedürfnissen folgten. Was vernünftig war, regelte das Ministerium für Handel und Versorgung. So konnte es geschehen, daß das Bedürfnis beispielsweise nach Glühbirnen wochenweise praktisch nicht vorhanden war, während das Bedürfnis nach Klappspaten – einem Abfallprodukt aus dem »Konsumgüterprogramm« – aufgrund des Angebotes überwältigend zu sein hatte. Es kam auch vor, daß beispielsweise in Plauen/Vogtl. eine ganze Saison über kein Bedürfnis nach Kernobst bestand, während man sich in Suhl fast ausschließlich davon ernährte. Jedenfalls war der Konsum in der DDR sehr dynamisch, dynamisch wie das niedliche »K« im Konsummitgliedsbuch.

Tafel X

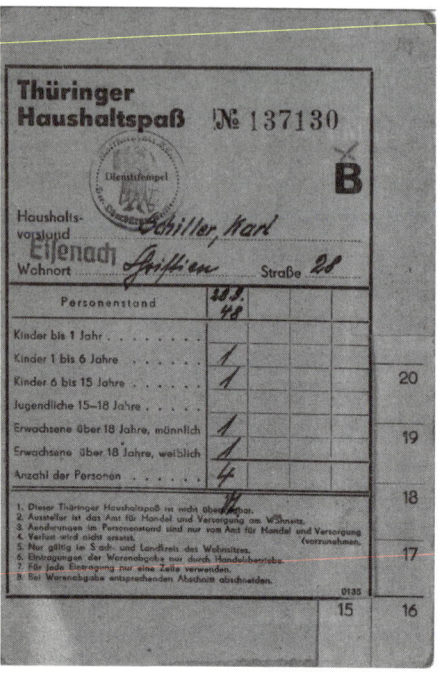

Kapitel 10
Schläge mit dem Heiligsten
Wie Bernd Polenke seinen Hund mißbrauchte

Bernd Polenke hätte es dabei belassen sollen, die Normen des Dienst- und Gebrauchshundewesens zu erfüllen. Auch damit hätte er der Menschheit im allgemeinen und den Hunden im besonderen nicht viel Gutes getan in seinem von Hundeflöhen und dem gemeinen Hundebandwurm durchsetzten Dasein. Denn *viele Jahre später* war plötzlich klargeworden, daß diese Normen keineswegs mitteleuropäischem Standard entsprachen, weil ja auch schon die Hunde keine richtigen Hunde waren. Ein bayerisches Institut fand nämlich heraus, daß der Deutsche Schäferhund (um nur die Krone der Schöpfung zu nennen) in Ostdeutschland eben allenfalls ein ostdeutscher, ein quasi sozialistischer Schäferhund war, verhunzt von slawischen Rassemerkmalen, mit ordnungswidrigem Rückenaufbau und von feigem Gemüt. Über vierzig Jahre lang hatten er und der wahrhafte Deutsche Schäferhund sich mental weit auseinandergelebt. Er war von einem richtigen Hund so weit entfernt wie ein »Trabant« vom Auto. Er hatte auffällige Mitläufereigenschaften ausgebildet und zeigte wenig Initiative bei der Verteidigung der freiheitlich-demokratischen Grundordnung. Wahrscheinlich wußte er nicht mal, was

10. Kapitel

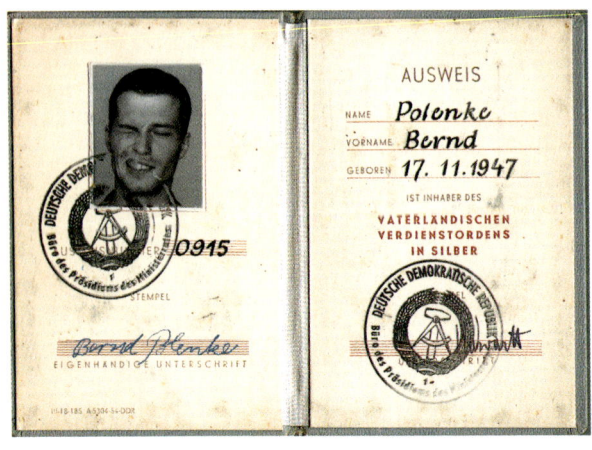

Auf Antrag verschiedener Hunde wurde Bernd Polenke mit dem Vaterländischen Verdienstorden geehrt. Der Orden hat heute im Militariahandel einen Katalogwert von DM 2000 und wird von Mitarbeitern des Bundeskanzleramtes gern beim Kölner Karneval getragen.

Freiheit ist. Es war gar nicht daran zu denken, daß er je als Polizeihund Rex in einer Fernsehserie mitspielen dürfte.

Zu dieser Degenerierung – ein bekannter Historiker würde »Verzwergung« sagen, weil das auf alle ostdeutschen Kreaturen zutrifft – hatte Polenke nicht wenig beigetragen und dafür seinen Judaslohn, den Vaterländischen Verdienstorden in Bronze und die Ehrennadel der Volkssolidarität, bekommen. Aber einmal war er doch aus der Reihe gefallen, und zwar so gründlich, daß man ihn einige Wochen lang nicht mehr an die Welpen heranlassen wollte, weil man seinen negativen, zersetzenden, amoralischen Einfluß auf die nächste Rassehundegeneration fürchtete.

Die Geschichte war so: Rottweiler Emil (benannt nach Emil Zatopek, den natürlich der westdeutsche Leser in seiner unglaublichen Halbbildung ebensowenig kennt wie Jiří Korn, nach dem aber keine Hunde benannt wur-

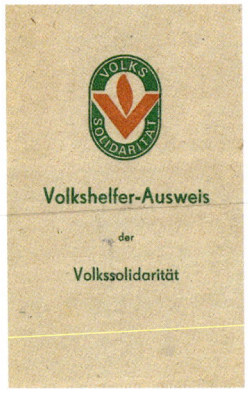

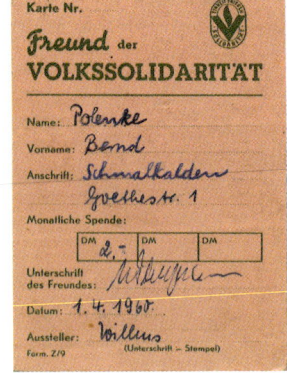

Schläge mit dem Heiligsten

den) war Polenkes Liebling. Pflichtwidrig hatte er ihn in seinen ersten Lebensmonaten mit nach Hause genommen. Zwischen den beiden war eine Bindung entstanden, die weit über ein rein dienstliches Verhältnis hinausging. Man hätte ihre Beziehung zueinander »innig« nennen können. Hier waren Dienstliches und Privates schon gefährlich miteinander verwoben. Ein Gebrauchshund muß keineswegs Marmelade vom Kaffeelöffel schlecken, zu Jiři Korns Schlager »Yvetta« auf den Vorderpfoten tanzen, Pantoffeln tragen oder das »Freie Wort« im Fang ans Ehebett bringen. Ja, ein Dienst- und Gebrauchshund hat in der Nähe des Ehebetts überhaupt nichts zu suchen. Aber Polenke hatte in Emil ein willfähriges Objekt gefunden, auf das er all die kleinbürgerlichen Verhaltensmuster projizierte, die er ansonsten in der sozialistischen Öffentlichkeit tunlichst verbarg. So konnte aus Emil nie und nimmer ein selbstbewußter, der Sache der Arbeiterklasse treu ergebener Gebrauchshund werden!

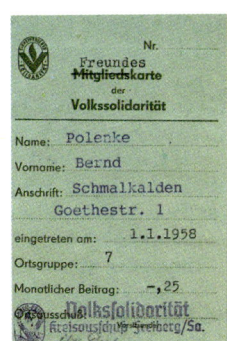

Wahrscheinlich um seine individualistischen Neigungen zu kaschieren, trat Bernd Polenke in jener Zeit der Partei aller gutwilligen Werktätigen bei, nach gebührender Kandidatenzeit, in der er nicht auffällig wurde, sondern – im Gegenteil – die Durchschnittsnote der Gebrauchshundeprüfungen von 2,5 auf 2,3 verbessern konnte. Das Dokument, wie die Genossen sagten, lag bei Polenkes im Entenplan Nummer 10 auf dem Küchentisch mit der

rosenbemusterten Wachstuchdecke. Das war an sich schon gegen die Vorschrift: Das Büchlein, das wertvollste, was ein Genosse besaß, wie schon Nikolai Ostrowski in seinem Produktionsroman »Wie der Stahl gehärtet wurde« schrieb, war an einem sicheren Ort zu verwahren, für Kinder, Ungeziefer und Agenten unzugänglich, vor Feuer und plötzlichem Schneefall geschützt. Wie leicht hätte es in unrechte Hände geraten können!

In seiner Stellungnahme nach dem parteischädigenden Vorfall hat Polenke keineswegs die Tragweite seiner Schuld erfaßt und parteilich ausgedrückt. Er versuchte, die ganze Verantwortung auf Emil abzuwälzen, wohl wissend, daß es sich bei diesem um einen Hund handelte, der von der Parteikontrollkommission zur Sache selber schwerlich befragt werden konnte. Polenke schrieb: »Mir hätte gewahr werden müssen, daß der Rottweiler Emil ein Interesse an meinem Dokument zeigte. Über dessen Motive bin ich mir nicht im klaren, kann aber versichern, daß ich und meine Familie jegliche Verbindungen zu ehemaligen Verwandten in der Bundesrepublik abgebrochen haben, so daß von dieser Seite keine Beeinflussung vorgelegen haben kann.«

Natürlich versuchte Polenke – und zwar nicht unge-

Schläge mit dem Heiligsten

schickt – wider besseres Wissen, Emil ideologisch ins Unrecht zu setzen. Dabei wußte er, daß junge Hunde einen unstillbaren Kautrieb haben, der sie alles zerknautschen läßt, was ihnen zwischen die Fänge kommt. Bernd Polenke hatte sein Dokument tagelang unbeaufsichtigt auf dem Küchentisch liegenlassen – da lag der Hund begraben. Seine Gattin fand eines Morgens den heiligsten Besitz eines jeden Kommunisten zerfleddert und zerfleischt auf dem Bettvorleger im Schlafzimmer. Die Unterschrift des 1. Sekretärs der SED-Kreisleitung war von Emil auf abstoßende Weise perforiert worden.

Bernd Polenke brach, als er nach Hause kam, in proletarische Wut aus und handelte instinktiv nach einer alten Abrichter-Regel: Verprügele deinen Hund stets mit dem Gegenstand, um den er künftig einen Bogen machen soll. Emil war wahrscheinlich in der Geschichte der Arbeiterbewegung seit August Bebel der einzige Hund, der mit einem Mitgliedsbuch Senge bezog. Und zwar ordentliche.

Der Erziehungserfolg blieb nicht aus. Polenke bekam eine Parteiverfahren und ein neues Dokument, nachdem er sich mehrmals der revolutionären Sorglosigkeit geziehen und zu seiner noch vorhandenen kleinbürgerlichen Grundhaltung bekannt hatte. Als er das neue rote Buch nach Hause brachte, zeigte er es Emil mit den humorvollen Worten: »Untersteh dich, Schweinepriester!« Emil flüchtete sofort winselnd unter den Küchentisch, woselbst er zitterte und unter sich machte.

Damit hätte die Geschichte zu Ende sein und Polenke durch redliche Züchterarbeit alles wieder gutmachen können. Aber das kleinbürgerliche Element in ihm obsiegte. Er lud Kollegen und Freunde zum Bier ein und ließ Emil, seine Gattin und die Kinder allerhand Kunststückchen machen, die allesamt nichts mit einem Gebrauchshund zu tun hatten. Zu vorgerückter Stunde aber holte Polenke sein Dokument aus dem Vertiko, rief Emil

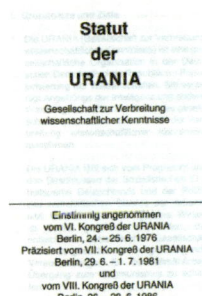

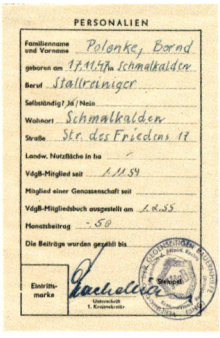

herbei, zeigte es ihm und fragte: »Willst du in die Partei?« Die Wirkung war durchschlagend. Mit einem Satz, als ginge es um sein Leben, flüchtete Emil unter den Küchentisch und zitterte so intensiv, daß die Gläser auf dem Rosenmuster klirrten. In ganz Schmalkalden erzählte man sich bald, daß Polenkes Emil kein dummer Hund, sondern ein ausgesprochen kluges Vieh sei.

Polenke wurde mit einer Parteistrafe, einer Rüge, vorübergehend in den Stalldienst versetzt *(wo schon ein anderer Sträfling, der in Ungnade gefallene Kreispilzberater und Urania-Referent Detering, Dienst schrubbte – siehe Kapitel 8)* und häufig gebissen. Um seine Verbindung zu den Genossenschaftsbauern, den engsten Verbündeten der Arbeiterklasse, glaubwürdig zu untermauern, trat er sogar in die VdgB (Vereinigung der gegenseitigen Bauernhilfe) ein.

Viele Jahre später schreckte er nachts manchmal auf und schrie nach seinen Welpen. Oder er weckte seine Frau und fragte schweißgebadet, ob denn das Dokument noch im Vertiko sei.
Vergessen wir die Opfer nicht!

Abschlußfrage:
Warum verstehen die Westler nicht, daß uns das Parteidokument heilig war?
A   weil denen gar nichts heilig ist
B   weil die gar nichts verstehen
C   beides

Vom schweren Neubeginn 123

Tafel XI
Vom schweren Neubeginn

Die Ikonografie der Ausweise der DDR-Bürger war keineswegs von Anfang an so vollkommen, transparent und luzide, wie wir sie aus den Blütezeiten der Republik kennen. Es war ein langer Weg, bis Dokumente entwickelt waren, auf die der Westen neidvoll blickte. Viele Störversuche aus Bonn versuchten das zu verhindern (das Stempelkissenembargo). Viele dekadente künstlerische Einflüsse – so des italienischen Realismus, der Popart eines Andy Warhol, des Sexismus eines Kurt Klamann, des Puritanismus eines Henry Büttner und der unparteilichen Formalismen eines Salvador Dalí, ja sogar gewisser Proletkulttendenzen aus der Sowjetunion mußten durch die Partei einfühlsam zurückgewiesen werden, bevor jene klar gegliederten, in ihrem Symbolgehalt eindeutig parteilichen, unübertroffen optimistischen Ausweise mit ihrer subtilen gestalterischen Anmutung entstanden, wie sie nun in das Schatzkästlein des Weltkulturerbes eingehen werden.

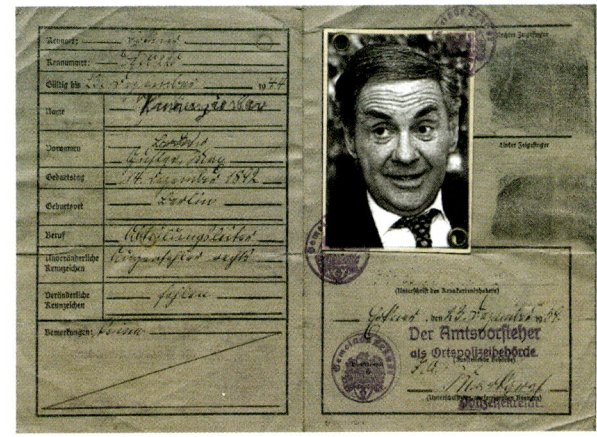
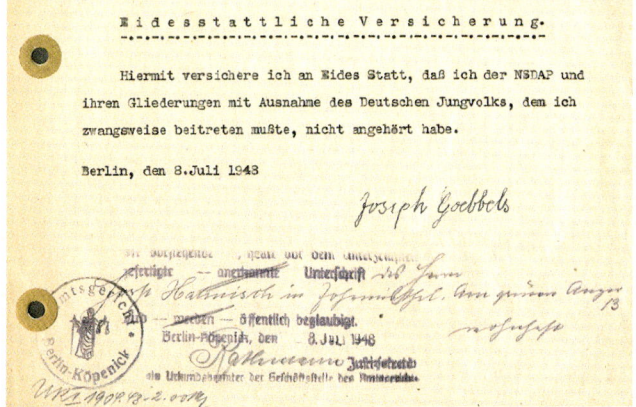

Удостоверение / Ausweis

6. Полицейский участок / Polizeirevier Nr. 6

Предъявитель сего удостоверения Герберт Рот, инсталатёр, ездит на своем велосипеде
№ 91101
Марка Золифа
г. Магдебург, 8.F.1945 г.

Типография Секе № 2, гор. Магдебург 50000

Der Vorzeiger dieses Ausweises Herbert Roth, Klempner, Magdeburg, Sudenburger Wuhne, benutzt sein Fahrrad
Nr. 91101
Marke Solifa
Magdeburg, den 8.F.194

Ab-meldung bei der polizeilichen Meldebehörde
Nicht gültig als Personalausweis

Für amtliche Vermerke: 18. JULI 1949

Tagesstempel der Meldebehörde: Polizeirevier 14, 15. JUL 1949, Berlin

Am 15. Juli 1949 ist verzogen nach Berlin N 59 (Ort), Ebenswalder (Kreis) Straße Nr. 29.

als Mieter bei Herbert Roth

Letzte Wohnung: Berlin N 4, An Klemer Straße 5, als Mieter bei eigene Wohnung

Für An- Abmeldung kommenden Personen:

Für Ausländer und Staatenlose
a) Art des vorhandenen Ausweises (Paß, Papiersatz):
b) Nr. des Ausweises:
c) Ausstellende Behörde:
d) Datum der Ausstellung:

Für Kraftfahrzeugbesitzer
Ich bin Besitzer des/der
Lastkraftwagens Nr.
Personenkraftwagens Nr.
Kraftrades Nr.

(Eigenhändige Unterschrift des An- Abgemeldeten) Herbert Roth

(Unterschrift des Hausobmanns) Egon ...
15. Juli 1949

(Eigenhändige Unterschrift des Hauseigentümers bzw. des Verwalters)
Berlin N 54, Fehrbelliner Straße

Vertrieb: DAS NEUE BERLIN, Verlagsgesellschaft m.b.H., Berlin N 4, Linienstraße 139/140
Berliner Druckhaus GmbH. (Treuhandbetrieb), vorm. Druckerei Linienstr. 139/140
Bestell-Nr. 129

Vom schweren Neubeginn

Tafel XI

10

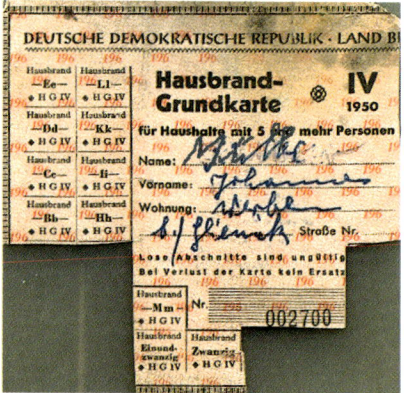

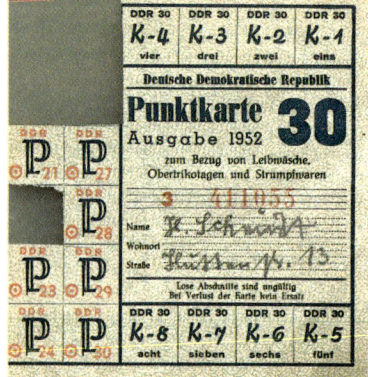

Vom schweren Neubeginn

Tafel XI

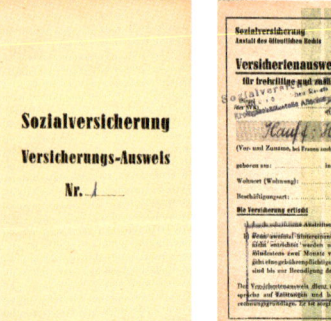

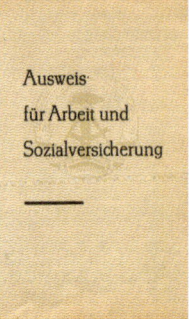

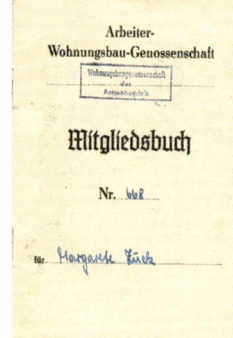
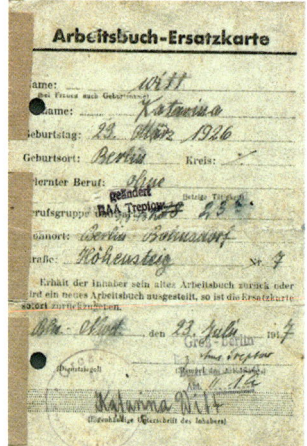
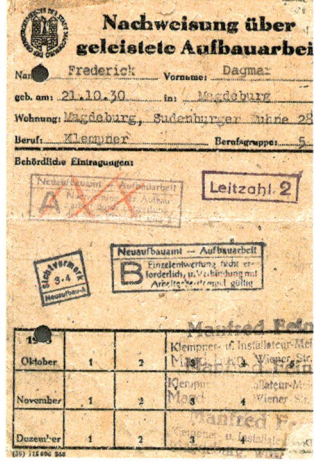

Kapitel 11
Das Naß, das dich trägt
Wie Raimund Schüssler seiner Bestimmung folgte

Wenn der poetische Wurm in einem tickt, muß man ihm Nahrung geben. In keinem Land der Welt konnte man so leicht zum Nationaldichter werden wie in dem Land, das seinen Wortschnitzern mit der Verleihung von Preisen, Orden und reputierlichen Ausweisen huldigte. Dr. Raimund Schüssler *(man erinnere sich, wie mutig er der Anfechtung widerstand, der Abiturientin Mia aus dem Trikot zu helfen – siehe Kapitel 2)* war ein erstklassiger Schwimmpädagoge. Er hatte eine bildschöne Karriere als Methodiker des Fahrtenschwimmens sowohl hinter als auch vor sich. Nur eine Frage der Zeit, daß er eines Tages im direkten Auftrag der Landesmutter Margot die Prüfungskriterien für das Schwimmabitur formulieren dürfen würde!

Doch als er zum Brustfahrtenschwimmen junger Thüringerinnen promovieren wollte, ging Seltsames mit ihm vor. Die Sätze über die Rolle der Bedeutung, das Zitatenkonvolut (Marx' und Engels' Randglossen zur Schwimmfähigkeit der revolutionären Klasse, insbesondere ihrer Avantgarde, der leninistischen Partei) flossen ihm zwar noch behende aus der Feder. Doch schon im zweiten Kapitel schoben sich bildhafte Wendungen, jambische Passagen und lyrische Härasynotismen in den Text. Und als er eines Abends schrieb – stets schrieb er abends, denn tagsüber schubste er wimmernde Knaben vom Dreimeterbrett, reichte japsenden Mädchen korkene Schwimmhilfen und beaufsichtigte das Duschen der Geschlechter – also, als er eines Abends schrieb: »Das edle Naß trägt uns so weich, es macht uns kühn, es macht uns reich«, brach er über seinem Manuskript in Tränen aus: Oh, da war er, der singende schwebende Ton, der

Dem Schallplattentheater der DDR ist in der kulturwissenschaftlichen Forschung bisher viel zuwenig Aufmerksamkeit gewidmet worden. An seine Aufführungen kann oder will sich niemand erinnern. Eigentlich weiß nur noch Schüssler, worum es sich dabei handelte (s. seine autobiografische Skizze »Im Sog der Rille«!).

bis dato in ihm geschlummert hatte! Schon lange hatte er diese künstlerisch-literarische Veranlagung in sich verspürt und fühlte sich zu Bibliotheken und Schallplattentheatern hingezogen. Doch nun war es ganz da, geweckt in seinem Innern, das subtile Empfinden für die Poesie der Körperertüchtigung, die er wie kein zweiter in Worte fassen zu können glaubte!

Persönliche Veränderungen waren sofort dem Dienstvorgesetzten zu melden – Schüssler ging zum Kreisschulrat. »Du, ich bin nicht mehr der, für den du mich hältst – eine tiefe persönliche Veränderung ist mit mir vorgegangen.«

Der Schulrat sah seinen Schwimmlehrer mitleidig an. »Du armes Schwein«, sagte er, »wo es doch so viele heiße Weiber gibt. Sogar in der Abteilung Volksbildung! Was sagt denn deine Frau dazu?«

»Sie hat es noch nicht bemerkt. Du bist der erste, dem ich ... Ich dachte, gerade du würdest mich ...«, sagte Schüssler.

»Ich? Sehe ich so aus? Ich muß zwar oft genug den Kopf hinhalten, aber Gott sei Dank nicht den – na ja, lassen wir das.«

Schüssler ging mit dem Parteiauftrag, Medikamente zu nehmen und es mit kalten Waschungen zu versuchen. In

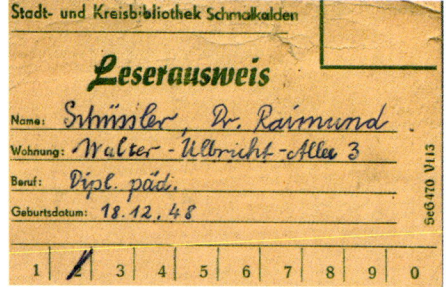

die Personalakte bekam er einen kleinen Vermerk, daß er künftig nicht mehr das Duschen der Geschlechter beaufsichtigen solle und wegen »Erpreßbarkeit« kein NSW-Reisekader mehr sei.

Zu Hause fing Schüssler an, sich einen Bart stehen und einen Bauch wachsen zu lassen und die beiden ersten Kapitel seiner Dissertation in klassische Hexameter zu gießen. Dabei half ihm der Rosenthaler Kadarka. Das Werk bekam schlußendlich den Titel: »Das Naß, das dich trägt« und wurde als Trilogie geplant.

Mit seinem Erstling lief Schüssler zum Kulturbund und zum Zirkel Schreibender Arbeiter, den der Schmalkalder Arbeiterdichter Alfons Stein leitete. Der war eigentlich Werkzeugmacher *(ein Kollege von Wilhelm Greiner, dem Lehrling Polenke und dem Parteisekretär Wüstenhagen – siehe Kapitel 5)*. Aber seit er Widmungsverse für Aussichtsbänke auf den Schmalkalder Höhen schmiedete, hatte man ihn mehr oder weniger von der Handarbeit freigestellt. Sein schönstes Werk war in eine Bank auf dem Grasberg geschnitzt:

>Die Stadt zu deinen müden Füßen,
>kannst, Wanderer, du sie begrüßen.
>Hier sollst du dich vor ihr verneigen,
>denn sie ist des Volkes eigen.
>Hier bist du Mensch, hier darfst du sein
>– das versichert Alfons Stein.

Zuweilen war Stein ausgesprochen lakonisch. Sein Schaffen umwehte der Ruch des Formalistisch-Dekadenten. Und insbesondere sein Freiheitsbegriff wurde von der Kulturredaktion des »Freien Wort« gegeißelt. Sein Spruch für die Roßbachhütte hieß z. B.:

>*Freiheit*
>Hier können Familien Kaffee kochen.
>Oder können es lassen sein. Alfons Stein.

Stein arbeitete gemeinsam mit engagierten Leserbriefschreibern und einigen geselligen Damen – so den satt-

11. Kapitel

Ein jüngst aufgetauchtes Dokument der Gauck-Behörde beweist: Schüssler versuchte penetrant, sich in den Kulturbund einzukaufen.

Mit der Teilnahme an den Arbeiterfestspielen krönte der Heimatdichter Alfons Stein sein Lebenswerk. In eine Bank am Festspielort schnitzte er: »Zu die Arbeiterfestspiele/lud man der Künstler viele./Man lud auch einen Dichter ein./Und dieser Mann hieß Alfons Stein.« Der Vers ist inzwischen im Zuge der imperialistischen Säuberungen grün überstrichen worden.

sam bekannten Greiner-Nichten Hinrike und Annegret – auf die Arbeiterfestspiele hin, die diesmal unter dem Motto »Ein gutes Wort zur guten Tat« standen. Dort sollte ein lyrischer Reigen mit Steinschen Bank-Gedichten gesprochen und getanzt werden, zu welchem Zwecke Stein eigens eine Zuwendung der Gewerkschaft für die Unterhöschen der Mädchentanzgruppe des Kombinates erhielt. Zwischen ihm und Raimund Schüssler kam es sofort zum Eklat, weil »Das Naß, das dich trägt« auch nicht auszugsweise im Bank-Reigen Platz finden wollte und absolut untanzbar war.

Schüssler tat das einzige Richtige: Er las öffentlich aus seinem bislang unveröffentlichten Werk vor den dissidenten- und zweifelhaften Zuhörern der »Deutsch-Französischen Gesellschaft in der DDR« und verspottete in der Feindpresse, der Süddeutschen Zeitung, Stein als »Erich Weinert der Aussichtsplattformen« und als »Bänkelsänger der SED-Nomenklatur«. Wenig später erschien bei Ullstein, zum Springer-Konzern gehörend, finanziert durch die Konrad-Adenauer-Stiftung, sein schmales Bändchen »Elegien im Hallenbad«.

Das war der Durchbruch!

Der Buchminister persönlich rief ihn persönlich in Schmalkalden an und äußerte, daß man über alles reden könne. Vor Schreck fiel Schüssler nicht ein, mit ihm über

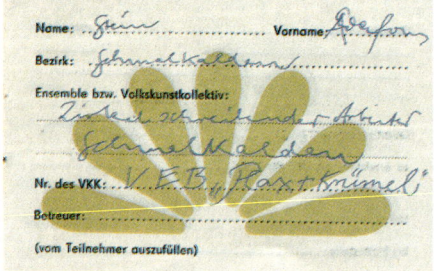

Das Naß, das dich trägt 133

eine Auflage zu diskutieren, sondern er forderte nur einen »Wartburg« und eine kleine Zweitwohnung in Berlin. Als der Buchminister kleinlaut bekannte, für Wohnungen und Autos nicht unmittelbar zuständig zu sein – aber reden könne man natürlich über alles, verfaßte Schüssler einen blitzenden Essay über die Kulturprovinz Schmalkalden, in welchem er dem Kreisschulrat vorwarf, Homosexuelle, Lyriker, die sich dem edlen Naß verschrieben haben, und andere Andersdenkende zwangsweise zu medikamentieren.

Der Text lag endkorrigiert und SPIEGEL-fertig in Schüsslers Dichterklause in der Weidebrunner Gasse. Plötzlich, abends, Schüssler stand schon knietief im Kadarka, erschien Hubert Greiner mit seinem Klappkärtchen am Bande an der Tür und streckte dem Wohnungsinhaber wie ein Postbote das Antragsformular für den Schriftstellerverband entgegen. Schüssler nahm es, errötete freudig, dankte bewegt – doch der Bote wollte noch nicht von der Schwelle weichen. Er stand und stand. Da endlich begriff der Bademeister und Poet, tauchte in die Tiefen seines Schreibzimmers und kam mit dem Essay zurück.

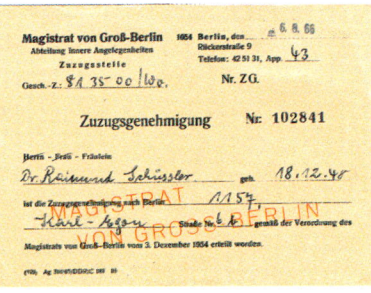

Am 7. Oktober 1989 war er, zum Schmuck seiner lyrischen Persönlichkeit und der hiesigen Regierung, in jenen Palast geladen, in dem der kleine Fürst letztmals auf das kleine Reich toastete. Der Buchminister nickte ihm zu. Es gab pro Gast eng bilanzierte Getränkemarken. Denn es herrschte Sicherheitslage, und die wollte man nicht mit einem Besäufnis gefährden. Draußen schrien und meuterten die Leute. Die Gäste des Empfangs klebten an den Scheiben, durch die sie von außen nicht zu sehen waren, um die Lage zu sondieren. Währenddessen schlich Schüssler von Tisch zu Tisch und sammelte sämtliche Getränkemarken ab.

Die Zweitwohnung in Berlin für Raimund Schüssler – der Aufstieg vom Provinzliteraten zum Nationaldichter. Seine Mitgliedskarte für den Künsterklub »Die Möwe« ist verschollen. »Die Möwe« ist es auch.

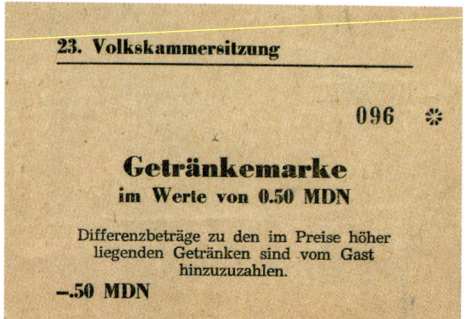

Er kam nicht mehr dazu sie einzulösen: Nach und nach verflüchtigte sich die ganze Gesellschaft, verschwanden die Schlagersänger, Trompeter und Conférenciers, die Kellner, Aufpasser und Referenten durch Kellergänge und Tapetentüren. Nur Schüssler trippelte, aufs angenehmste beschwipst, die Freitreppe hinunter. Auf der Marx-Engels-Brücke wurde er von der Meute gestellt, mit 236 Champagner-Marken der Volkskammer der überalterten DDR in der Jackentasche.

Die Revolutionäre nötigten ihn, ihren Schlachtruf »Keine Gewalt!« auf den Lippen, in der Spree ein Bad zu nehmen. Dabei erwies sich, wenngleich es dieses Beweises nicht abermals bedurft hätte, wie wichtig es ist, ein abgehärteter, ausdauernder und gestählter Fahrtenschwimmer zu sein.

Viele Jahre später hat Raimund Schüssler ein Dutzend Gedichte auf Lager, die vom Frühling, vom Sommer, vom Herbst, vom Winter, von Weihnachten, vom Osterfest oder vom Muttertag handeln. Die verschickt er von Schmalkalden aus rechtzeitig zum jeweiligen Anlaß an Leserbriefredakteure in den Provinzen. Es geht ihm nicht direkt übel dabei.

Abschlußfrage:
Warum war der Ausweis des Schriftstellerverbandes so begehrt?
A   weil damit auch Personen, die keiner geregelten Tätigkeit nachgingen, nicht unter den Asozialenparagraphen fielen
B   weil man damit dem Visum für das Kaffee Kranzler auf dem Ku'damm ein gutes Stück näher kam
C   weil man dann mit Austritt drohen und einen Fiat kriegen konnte

Tafel XII
... ist jeder zweite Herzschlag unsres Lebens

In der DDR hatten die Menschen noch nicht zweiunddreißig Fernsehprogramme. Die Abende nach dem Sandmännchen waren verdammt lang (man konnte ja nicht dauernd Kinder zeugen). Die Menschen waren dazu verdonnert, sich ihre Unterhaltung selbst zu machen. Als das Gemeinwesen am Ende war, stellte sich heraus, daß es nirgendwo auf der Welt so eine dichte Besiedlung mit Dichtern, Ausdruckstänzern, Landschafts- und Arbeiterporträtmalern, Posaunisten und Kartoffeldruck-Textil-Gestaltern gab. Sie mußten alle irgendwie behutsam entsorgt werden. Weil Kultur jeder zweite Herzschlag ihres Lebens gewesen war, litten sie fortan etwas unter Herzrhythmusbeschwerden. Die allseitig entwickelten Persönlichkeiten haben sich nun für das rechtsseitige Zappen mit der TV-Fernbedienung entschieden. Ihre Kulturhäuser sind geschlossen und geschleift. In ihren Theatern transpirieren die Westler.

Tafel XII

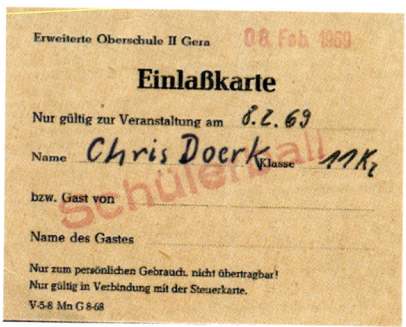

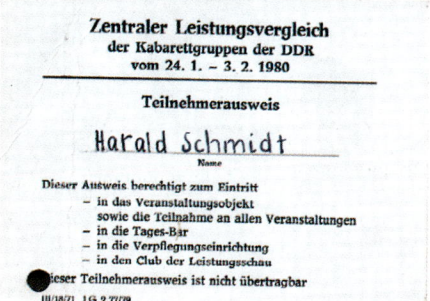

Kapitel 12
Ein Mann kehrt heim
**Wie Andreas Wüstenhagen
nicht nur das Augenlicht verlor**

Irgendwann und -wo beginnt es doch bei jedem. Bei Andreas Wüstenhagen begann es mit den Augen. An manchen Tagen sah er so scharf, wie er an manchen anderen verschwommen sah. Scherzhaft pflegte er zu sagen: »Mein Augen haben ihre Tage.« Aber zum Lachen war ihm gar nicht zumute. An den verschwommenen Tagen verwechselte er zuweilen sogar seine Kinder, die Zwillinge Bert und Berta. Einmal, als ihn seine Frau zu einem Aufklärungsgespräch gedrängt hatte, hat er Berta erklärt, »was kleine Mädchen da haben, wo du deinen Piephahn hast ...« Das war eine schwere Niederlage für beide.

In seinem Kalender für den Parteiarbeiter notierte Wüstenhagen penibel die hellsichtigen Tage mit einem roten Sternchen. Und wenn er sich die Kalender vornahm, die Flaschenglasbrille auf der Nase, mußte er sich eingestehen, daß er in den vergangenen vier Jahren immer häufiger schlechter als besser die Welt gesehen hatte, die sich insgesamt gesetzmäßig doch zum Guten wandelte.

Für einen Zufall hielt er das nicht.
Vor vier Jahren war Wüstenhagen

(früher mal Parteisekretär des durchgedrehten Wilhelm und unverwüstlicher Redner in allen Werkhallen – siehe Kapitel 5) nach Berlin weggelobt worden, ins Ministerium, Rohre zu bilanzieren. Und das ihm, dem geborenen Agitator, der es dem Klassenfeind besorgen konnte wie kein zweiter! Die Frage, ob mehr Rohre nach Schwedt oder mehr nach Unterwellenborn verteilt werden mußten, war natürlich auch von eminent politischer Natur. Aber das konnte er jetzt seinen Aktenschränken erzählen. Man wird nicht gesünder, wenn man wider seine Natur leben muß.

Wüstenhagen ließ sein Sekretariat bei Dr. Kragler anrufen, in der Poliklinik des Ministerrats. Als Nomenklaturkader war er in seiner neuen Funktion berechtigt, die Spitzenleistungen des sozialistischen Gesundheitswesens aus erster Hand zu genießen. Das Arzt-Patient-Verhältnis war ausgesucht herzlich. Eine Behandlung in der Poliklinik des Ministerrates ging nie ab ohne ein freimütiges politisches Gespräch. Man duzte einander. »Kragler«, sagte Wüstenhagen in der herablassenden Art des politischen Karrieristen, für den akademische Titel nichtswürdig sind, »Kragler, wenn ich blind werde, steht es schlecht um unseren gerechten Kampf gegen das imperialistische Röhrenembargo, mit dem die Finanzoligarchie unsere junge Republik in die Knie zwingen will. Die warten doch nur darauf, daß es für unsereins düster aussieht und finster wird. Mein Augenlicht, Kragler, gehört nicht mir al-

Ein Mann kehrt heim

lein. Es gehört der gesamten fortschrittlichen Menschheit. So habe ich es in all meinen Funktionen gehalten.« Kragler, während er den Augendruck maß, antwortete, genauso halte er es auch. Zum Beispiel mit seiner Manneskraft. Die gehöre allen fortschrittlichen Frauen, wenngleich er es wohl leider nicht mehr schaffen würde, sie allen zu schenken. Im übrigen seien Wüstenhagens Augen gesund, bestimmte Kragler, und der Gegner werde seinen unbestechlichen Blick weiterhin zu fürchten haben. Ein paar Tage Ruhe, mehr brauche er nicht. Vorsorglich aber mache er ihm die Brille zur politischen Pflicht, insbesondere beim Autofahren, falls ihn die rätselhafte Augenschwäche unterwegs befallen sollte.
Wüstenhagen fuhr in die Heimat, von Depressionen geschüttelt. Bis zum Hermsdorfer Kreuz fuhr er sozusagen blind geradeaus und ließ sich in seinem »Lada« von jedem »Trabant« überholen. Aber dann geschah das Wunder! Ab dem Abzweig Gotha sah er plötzlich wieder Farben und konnte schon die großen Wörter auf den Vorwegweisern lesen. Er kurbelte das Fenster herunter und ließ die herbe Waldluft ein. Jetzt fiel ihm auf, daß er ja auch nichts mehr gerochen hatte all die Zeit im Ministerium – was gab es da auch zu riechen. Er ertappte sich, wie er eine kleine, zarte Herbert-Roth-Melodie vor sich hin pfiff. Und als er bei Friedrichroda in die Berge einfuhr, klarte sein Blick völlig auf. Er sah die Bergkämme vor dem blassen Himmel, die starken Frauen in geblümten Dederon-Kittelschürzen, die dick mit Stachelbeerkuchen belegte Backbleche über die Dorfstraßen trugen. Ach, es war eine Lust zu leben! Er riß sich die Brille vom Gesicht, seine Augen flackerten irre in der plötzlichen Freiheit. Und als er in Schmalkalden einfuhr, war er so gründlich an seiner Seele gesundet, daß er sogar die Gesichter der Leute auf dem Markt erkannte – den alten Detering, die Polizisten Lothar und Adolf, Meta Volkers in ihren hochgeschlossenen, gelbbraunen Filzschuhen,

die dicke Sonja Herklotz, die nach Blumenkohl anstand, und den Pfarrer Steigleder, der ins Café »Liebaug« einbog.

Ein Wunder war das natürlich nicht. Der Thüringer Wald ist Labsal für geschwächte Sehnerven und verwundete Seelen. Das Grün, das Reizklima, die Ruhe und die Langsamkeit. In Masserberg gab es sogar eine Heilstätte, in der man Blinde wieder ans Sehen gewöhnte. Wüstenhagen mietete sich in Schmalkalden unterhalb der Queste in eine FDGB-Ferienwohnung ein, die nur aus einem Schlafzimmer mit Ehebetten und einer Waschschüssel bestand. Vormittags und nachmittags lief er durch die Gassen und ließ sich von den braven Leuten auf die Schulter klopfen. Abends saß er im »Gasthaus zur Queste«, schmiß Lokalrunden und hielt Reden über das imperialistische Röhrenembargo. Denn Wüstenhagen war, gleich nach Luther, einer der berühmtesten Männer der Stadt. Er hatte es bis Berlin geschafft.

Aber es half nichts, er mußte zurück. In Berlin waren nahtlose Rohre zu verteilen, mußte die Schlacht geschlagen werden, von der man in Schmalkalden nicht einmal ein Vibrieren spürte. Bei der Ausfahrt aus der Heimat nahm Wüstenhagen kräftig Schwung, um gut über die Berge zu kommen und nicht das große Heulen zu kriegen.

Kurz vor dem Heuberghaus – 721 Meter über NN – als der »Lada« schon dampfte, wurde Wüstenhagen heraus-

Ein Mann kehrt heim

gewunken. Er fluchte, denn es würde verdammt schwer werden, aus dem Stand über die Kuppe zu kommen. Lothar und Adolf machten Verkehrskontrolle.

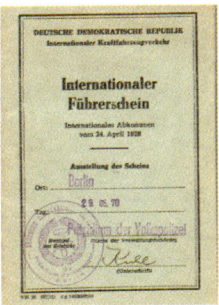

»Tja, Genosse Wüstenhagen, in deiner Fahrerlaubnis ist eine Brille«, formulierte Adolf präzise seine unmittelbare Erkenntnis aus dem Studium der Papiere. Wüstenhagen ärgerte sich innerlich, daß er nicht gleich seinen Internationalen Führerschein gezückt hatte oder gar jenes Dokument, das ihn sogar in Moçambique während der Soli-Einsätze zum Lenken eines Kfz legitimierte.

»Die Brille brauche ich nur manchmal, Genossen. Ihr versteht, wenn die aktuell-politische Situation besonders diffizil ist, muß man besonders genau hingucken.«

»Tja, und ist sie nicht gerade ziemlich diffi – was?« fragte Lothar.

»Diffizil. Das schon«, gab Wüstenhagen zu.

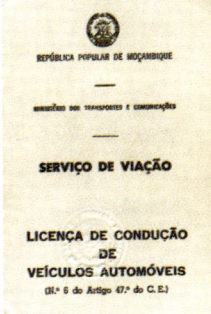

»Das will ich wohl meinen«, sagte Lothar erleichtert, »denken wir nur an die Aufrüstung und an die Angela Davis!«

»Und wie willst du sie dann ohne Brille bewältigen, die Aufrüstung und die Angela Davis, Genosse Wüstenhagen? Stell dir vor, du kommst nach Berlin und klebst an einem Baum! Oder noch schlimmer – du fährst einen anderen führenden Genossen tot. Denn davon gibt es doch dort jede Menge.«

Wüstenhagen fand nun, diese Dorfpolizisten sollten sich mal nicht seinen Kopf zerbrechen. Von bestimmten Dingen verstünden sie einfach nichts. Und das sagte er ihnen auch freimütig. Denn es hatte keinen Sinn, in Grundsatzfragen hinterm Berg zu halten.

»Mach es doch einfach so«, schlug Adolf, der klügere von beiden, vor, »setz die Brille auf. Dann drücken wir beide Augen zu.«

»Alle viere sogar«, ergänzte Lothar.

Wüstenhagen erschrak: Wo war seine Berlin-Brille, dieses Monstrum? Sie lag da, wohin sie Wüstenhagen während seines Heimaturlaubs verbannt hatte – im Nachttischkasten in der Schlafzimmerwohnung.

»Ja, Genossen, ihr habt recht. Da werde ich wohl zurückfahren müssen, um die Brille zu holen. Auch wenn bei der Regierung die Termine drängen. Aber es ist gut, daß ihr es noch bemerkt habt. In Berlin hätte ich ganz schön dumm aus der Wäsche geguckt, ohne die Gläser. Denn, wie gesagt, da muß man genau hingucken.«

Adolf wurde offiziell. »Keinen Meter fahren Sie ohne Sehhilfe, Bürger. Damit Sie klar sehen. Die Nacht bricht bald herein. Was dann, wenn Sie gegen die Bäume fahren!«

Wüstenhagen hatte ein sicheres Gespür dafür, wo Argumente an ihre Grenzen kommen. Man konnte z. B. nicht mit dem Verweis auf dringende staatliche Aufgaben ein staatliches Dokument, wie es die Fahrerlaubnis ist, außer Kraft setzen. Da wurde man unglaubwürdig auf der ganzen Linie. Er drehte sich um und trippelte den Berg hinab ins Tal, wo es schon finster war. Adolf und Lothar standen oben in der roten Abendsonne und grinsten ihm hinterher.

Eigentlich hätte Andreas Wüstenhagen in Pappenheim den Zug nehmen können. Aber vielleicht hatte die Wut ihm schon den Blick getrübt, so daß er den Bahnhof verfehlte. Oder er suchte nach einer Abkürzung durch den Wald. Jedenfalls will ein Jäger auf seinem Ansitz gegen ein Uhr einen Mann gesehen haben, der sich die Bäume

Das Verwarnungsgeld hat Andreas Wüstenhagen an Ort und Stelle an Adolf und Lothar bezahlt. – Ärgerlich. Aber ein Grund, in den Tod zu gehen?

Ein Mann kehrt heim

entlang tastete, damit er nicht vom Wege, der der berühmte Rennsteig war, abkam. Dort, wo der Fichtenwald am dichtesten, am finstersten ist, verlor sich Wüstenhagens Spur.
Im Ministerium gab es eine kleine pietätvolle Feierstunde. Dr. Kragler wurde von einer bestimmten Stelle vorgeladen und mußte seine Diagnose begründen. Frau Wüstenhagen sowie die Zwillinge fielen aus der Dispensairebetreuung des Ministerrats heraus und mußten den Poliklinikausweis abgeben. Wüstenhagens Brille liegt wahrscheinlich immer noch in der Heimat. Nur fragt niemand mehr nach ihr.

Viele Jahre später wurden die Kontaktlinsen eingeführt, und man konnte Polizisten, die den Führerschein kontrollierten (so hieß das Dokument dann bald), einreden, daß man die Brille aufhabe, auch wenn man sie nicht aufhatte.

Abschlußfrage:
Nach wieviel Jahren durfte der Besitzer einer Fahrerlaubnis fahren?
A   Sofort (Reichsbahn)
B   nach 10 Jahren (Trabant)
C   nach 12 Jahren (Lada)

Tafel XIII
Von Rennpappen, Gehhilfen und Asphaltblasen

Es gab relativ wenige Fahrzeuge für den privaten Gebrauch. Und wenn, dann waren es keine Automobile im strengen Sinne. Für die Ausweisforschung ergibt sich eine verblüffende Relation: Je geringer der Motorisierungsgrad, desto höher die Ausstattung mit Ausweisen, Berechtigungsscheinen, Anmeldekarten usw. rund ums Auto.

Was dem Bürger dieser Republik ein KFZ-Anhängerbrief und der Eintrag über eine Anhängerkupplung im Fahrzeugbrief bedeuteten, wird er seinen westdeutschen Schwestern und Brüdern nun endlich offenbaren müssen. Aber er schweigt nur – und kriegt feuchte Augen. Nein, wer nie mit einem Trabianhänger »organisiert« Zement transportiert hat, der wird nicht erahnen können, welch ein orgiastisches Erlebnis das war!

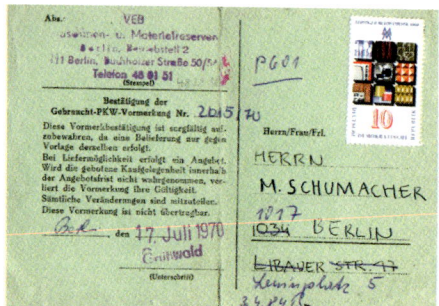
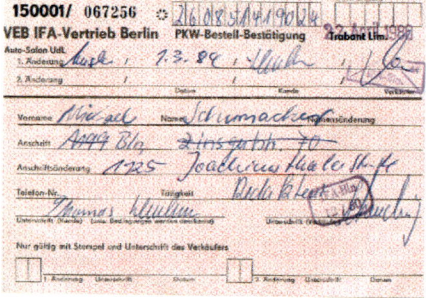

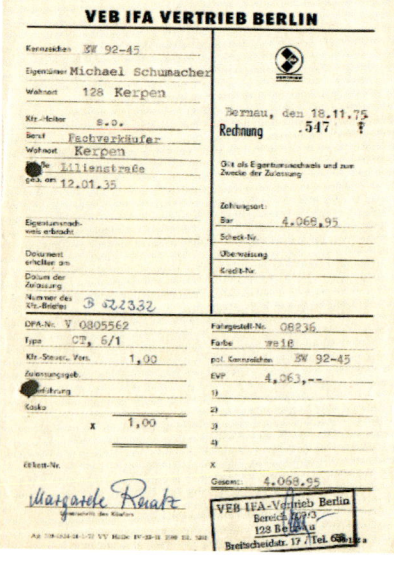

Von Rennpappen, Gehhilfen und Asphaltblasen

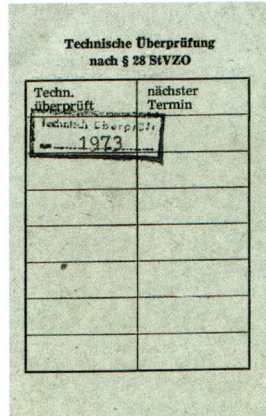

Tafel XIII

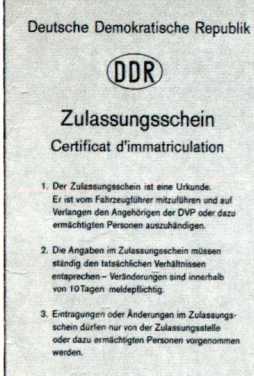

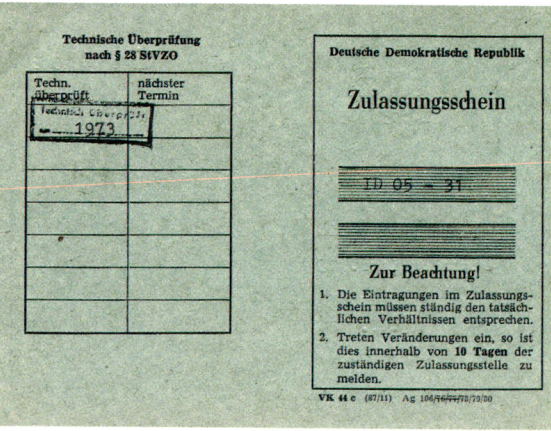

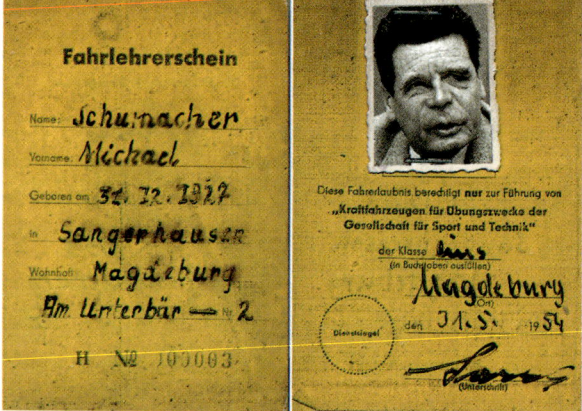

Von Rennpappen, Gehhilfen und Asphaltblasen

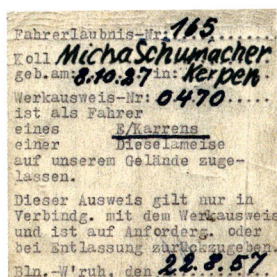

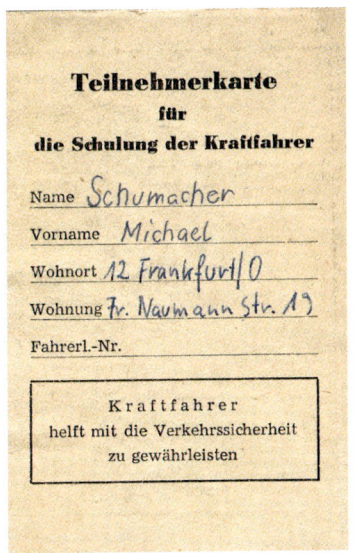

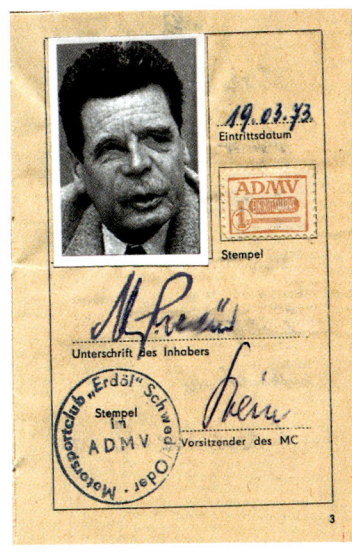

Schulungskarte
für Verkehrsteilnehmer

Name Wüstenhagen
Vorname Andreas
Wohnanschrift 1106 Berlin
Edelweißstr. 26

Notrufe
Volkspolizei 110
Feuerwehr 112
DRK 115

Aufmerksam –
rücksichtsvoll – diszipliniert –
ICH BIN DABEI

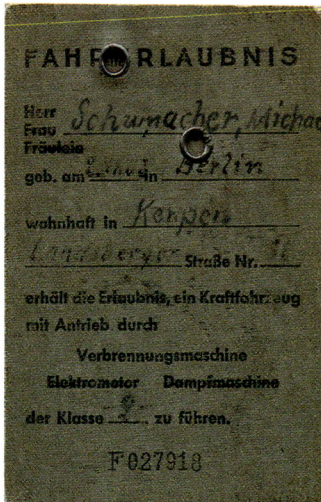

FAHRERLAUBNIS

Herr / Frau / Fräulein Schumacher, Michael
geb. am .... in Berlin
wohnhaft in Kerpen
.... Straße Nr. ...
erhält die Erlaubnis, ein Kraftfahrzeug
mit Antrieb durch
    Verbrennungsmaschine
    Elektromotor Dampfmaschine
der Klasse ..... zu führen.

F027918

Deutsche Demokratische Republik

**Kraftfahrzeug-Steuer-
und -Versicherungs-Karte**

Bestandteil der Kraftfahrzeugpapiere

Beachten Sie bitte!

1. Der auf der Karte vermerkte Gesamtbetrag ist am 1. Januar fällig und bis zum 30. April eines jeden Kalenderjahres zu zahlen.
2. Zahlungspflichtig sind alle Fahrzeughalter, deren Fahrzeuge polizeilich zugelassen sind, und Halter von Kleinkrafträdern.
3. Die Bezahlung erfolgt durch den Erwerb von Kraftfahrzeug-Wertmarken bei den öffentlich bekanntgegebenen Stellen.
4. Werden die Wertmarken nach dem 30. April erworben, sind nach den gesetzlichen Bestimmungen Verzugszuschläge zu entrichten. Kann im Schadensfall der Nachweis der Zahlung nicht erbracht werden, wird der Fahrzeughalter an den Leistungen der Staatlichen Versicherung beteiligt. Ist die Zahlung nicht oder nicht in der richtigen Höhe erfolgt, verliert die Zulassung gem. § 13 (1) StVZO ihre Gültigkeit.
5. Diese Karte mit den eingeklebten Wertmarken gilt als Zahlungsnachweis. Sie ist von dem jeweiligen Fahrzeuglenker mitzuführen und bei Kontrollen vorzuzeigen.
6. Bei Eigentumswechsel ist die Karte dem neuen Fahrzeughalter zu übergeben. Die Karte ist der Staatlichen Versicherung zur Ausstellung einer neuen Karte vorzulegen, wenn

KR 4184 VV Freiberg Ag 307 III/1/10 83 8795 B 10062

**VORBILDLICHER
KRAFTFAHRER**

URKUNDE

Für hervorragende Leistungen
bei der Erhöhung
der Verkehrssicherheit
wird

Hansgeorg Stengel
als

**VORBILDLICHER
KRAFTFAHRER**

ausgezeichnet.

Leiter der
Verkehrspolizei

Berlin
am 30.7.1987

Kapitel 13
Die Schwarzfahrt
Wie Isolde Werner sich als demokratische Frau erlebte

Jeder Ausweis hatte was. Mit dem einen konnte man sich dicke tun und/oder Türen öffnen. Der andere war (Ost-)Geld wert. Mit dem nächsten konnte man fischen oder angeln gehen, wenn man eine Angel hatte, oder Bücher ausleihen oder Saatgut kaufen oder Zwölfender schießen. Und mit dem vielzähligen Rest konnte man ausweisen, daß man für den Frieden, für die Freundschaft, für die Verteidigung des Friedens und der Freundschaft, für den Sieg der besten Sache und überzeugt vom Sieg der besten Sache ist – daß man ein guter Mensch war, der den Sozialismus liebhatte und den der Sozialismus mal gernehaben konnte.

Es gab Leute, die brachten es auf ein gutes Dutzend solcher Büchlein, mit denen sie, Ausweis um Ausweis, zu den Siegern der Weltgeschichte aufrückten. Komisch nur, daß keiner diese Dinger je zückte. Man stopfte sie zum Sparbuch und dem Konsummarkenheft in den Küchenschrank. Man mußte sie zu Hause haben, sie gehörten zur Einrichtung. Und nach zehn Jahren nahm man sie mal wieder in die Hand und lachte sich scheckig über das jugendliche Paßbild. Es zeigte einen naiv dreinschauenden Bürger, dem die Hoffnung auf die Befreiung der Menschheit von jeglicher Knechtschaft in den Augen stand.

Niemand sagte etwa in der Kneipe nach dem dritten Bier: »Guck mal hier, ich bin ein tiefer Freund der Sowjetunion!« Oder: »Darf ich dir mal zeigen, daß ich mich dem Grundsatz der Zivilverteidigung gegen ein imperialistisches Bombardement mit Mehlsäcken verpflichtet fühle?«

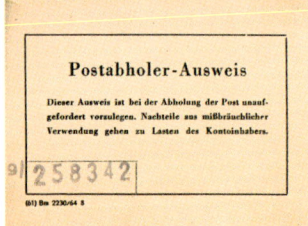

Wenn man nach Bananen anstand, half es gar nichts, sich als Mitglied der Weltfriedensbewegung ausweisen zu können, und der Zahnarzt betäubte auch dann nicht, wenn man ihm sein Parteibuch flehentlich entgegenhielt. Wenn es keine Ofenrohre gab, und es gab fast immer keine Ofenrohre, war es eher kontraproduktiv, im Laden darauf zu sprechen zu kommen, daß man auf ein langjähriges intellektuelles Engagement im Kulturbund, Sektion Philatelie, zurückblicken könne.

Man lebte nicht besser mit den Ideologie-Zertifikaten. Aber schlechter auch nicht. Man hätte sie auch ausschlagen können. Aber warum?

Deshalb war es nachgerade unverständlich, daß Isolde Werner regelmäßig zickte. *(Isolde war die letzte, die auf Huberts AWO-Sozius gesessen hatte, bevor der nach seinem Mißbrauch des VP-Helfer-Ausweises für ein Weilchen verschwand – siehe Kapitel 3.)* Isolde machte die Buchhaltung im VEB Bau-Union. Die Bürodamen wären schon zweimal sozialistische Aktivisten im Kollektiv geworden, wenn Isolde in der DSF gewesen wäre. Beim dritten Mal fragte sie der leitende Buchhalter, warum, um alles in der Welt, sie sich nicht zur Deutsch-Sowjetischen Freundschaft durchringen könne – die Freundschaft zur Sowjetunion sei doch schließlich a) Herzensangelegenheit eines jeden Werktätigen und b) Prüfstein für jeden Kommunisten und c) Unterpfand unserer Siege (Zutreffen-

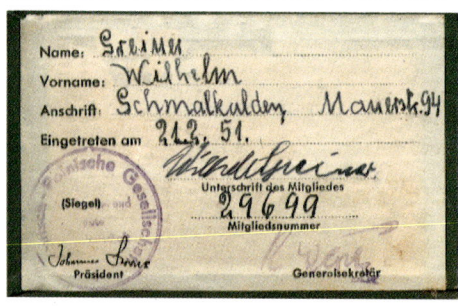

des bitte ankreuzen). Das war ein berechtigte Frage, schließlich war Isolde nicht vergewaltigt, sondern irgendwie ja auch befreit worden. Isolde antwortete, weil ihr vor Schreck eine Lüge nicht einfiel: »Irgendwie kann ich die Russen absolut nicht leiden.«
»Ach so«, entgegnete der Vorgesetzte verständnisvoll, »dann ist ja gut! Ich dachte schon, es bestünden ideologische Gründe.« Und sie wurden Aktivistinnen – es gab ein paar Flaschen Cabernet, eine Urkunde und hundert Mark für jede auf die Damenkralle.
Aber *einen* Ausweis hatte Isolde doch. Es war der nutzloseste von allen. Für den kriegte man nichts, keine Eintrittsermäßigung und keine verbilligte Bahnfahrt. Und mit dem wurde man nichts. Mit dem kam man nirgendwo rein und nirgendwo raus. Er war noch überflüssiger als der Paß, mit dem man nicht in den Westen reisen konnte. Isolde schleppte diese Mitgliedskarte immer im Portemonnaie herum, weil sie sich sagte: So eine blöde Erfindung, daß sie gar keinen Nutzen hat, kann es gar nicht geben – sonst wäre sie doch nicht erfunden worden.
Der Ausweis wies Isolde unmißverständlich als Frau aus. Man hätte ihn in der Schwimmhalle in der Umkleideka-

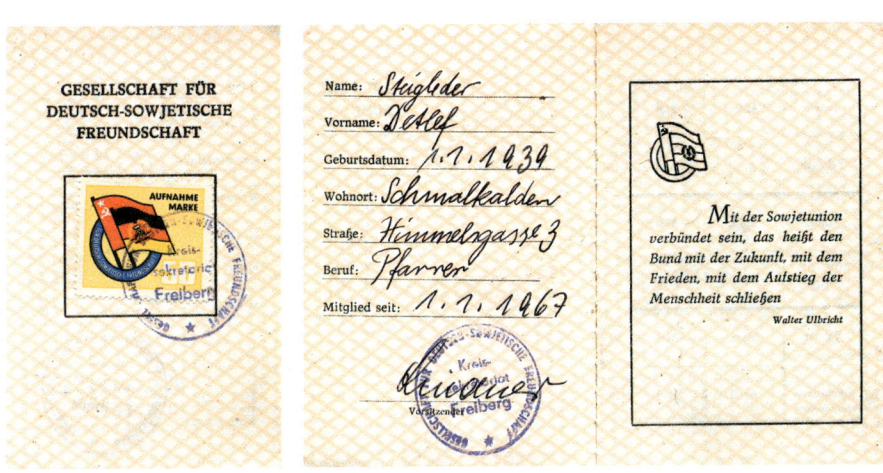

bine für Damen hochhalten können, um zu beweisen, daß man dazugehört. Oder beim Friseur, daß man in der richtigen Abteilung saß. Oder bei einem blinden Gynäkologen. Doch bei dem hätte auch der Ausweis nicht geholfen. Außerdem bestätigte der Ausweis unmißverständlich, daß man eine demokratische Frau war. Aha! Keine bürokratische, technokratische, plutokratische, serbokroatische oder sonstwie nationalfanatische – sondern eben eine demokratische. Hieß das, die schmiß nicht mit Tellern? Oder bezeichnete es bestimmte sexuelle Vorlieben (demokratisch = von unten)? Eine Eßstörung, Nachtblindheit, Regelstörungen oder eine Katzenhaarallergie? Keiner wußte es genau. Isolde natürlich auch nicht. Es gab nämlich im ganzen Land keine undemokratischen Frauen, nicht eine, jedenfalls wiesen die sich nicht als solche aus. Es gab aber übrigens auch keine demokratischen Männer. Oder bei denen war das Demokratische gleich angewachsen, so daß sie keinen Ausweis dafür brauchten.

Wenn Isolde die Einladungen las, die die demokratischen Frauen ihr, ihrer Schwester, per Dokument, zukommen ließen, dann waren demokratische Frauen Wesen, die batiken konnten, Holzlöffel für den Solibasar mit Kartoffeldruck versahen, Christ-, nein, Weihnachtsstollen buken und gemeinschaftlich aufaßen, um einen Samowar herumsaßen und die Illustrierte »Für Dich« studierten. Sie waren die modernere Fortsetzung der Spinnerinnen- und Gänserupferinnen-Kollektive aus vorindustrieller Zeit, die Fortsetzung der Suffragetten mit anderen Mitteln im real existierenden Sozialismus.

Isolde fühlte sich durch ihren Ausweis dennoch nicht zur Holzlöffel-Dekoration verpflichtet. Sie mußte nicht werden wie Ilse Thiele, eine schweigsame Bäuerin mit betonierter Dauerwelle, die das Weib an sich im ZK der SED vertrat. Und so störte er nicht weiter, der Ausweis. Sie hätte durch dreimalige Verweigerung der Fünfzig-Pfennig-Beitragsmarke aus den Reihen der demokratischen Frauen ausscheren können. Aber ihr war der Gedanke unheimlich, die Frauenschaft zu fliehen. Wer weiß, vielleicht spielten dann die Hormone verrückt, und es sprießte ihr ein hinterhältiger Damenbart?

Ohne bei den demokratischen Frauen um Einverständnis nachzusuchen, versuchte Isolde, in den Westen zu kommen. Sie hatte für sich beschlossen, wenigstens einmal im Leben München zu sehen, stellvertretend für Paris, London und Venedig. München, dachte Isolde, sei für jede Frau, ob nun demokratisch oder nicht, keine schlechte Erfahrung. Und zwar vor ihrem Rentnerinnendasein. Es war nicht ganz einfach für sie, einen alten Herrn in Lodenmantel und Gamsbarthütchen, den sie bei einem Ausflug ihres Buchhalterinnen-Kollektivs zum Trusetaler Wasserfall dort stehen sah, zu ihrem Onkel zu machen. Der Alte war mißtrauisch und fürchtete, sie wolle an sein Geld. Es brauchte einige Briefe hin und her, die auch wundersamerweise alle ankamen, bis er sie betrügerischerweise als Nichte ansprach. Dann mußte er sich auch noch überwinden, seinen baldigen Tod infolge Hodenkrebs der Behörde in Suhl mitzuteilen, und zwar so eindeutig, daß ihn der Rat des Kreises akzeptierte. Isolde reiste stracks in dringenden Familienangelegenheiten zum falschen Onkel ans Siechenbett.

Der Gamsbart war nicht am Bahnhof. (Es ging ihm doch nicht wirklich schlecht?) Isolde wußte, daß man irgendwo hundert Westmark bekommen konnte – aber wo? Sie stieg in die Bahn nach Rosenheim, wo ihr Gönner wohnte, nur mit Ostgeld in der Tasche. Doch selbst wenn sie hätte zahlen können – an den komplexen Anforderungen, die die computermäßigen Fahrkartenautomaten stellten, wäre sie, an den Einhebelboxen der DDR-Straßenbahnen geschult, gescheitert.

Die Kontrolle, zwei Männer in blauen Jacken, stieg zu. Sie näherten sich Isolde langsam und instinktsicher von

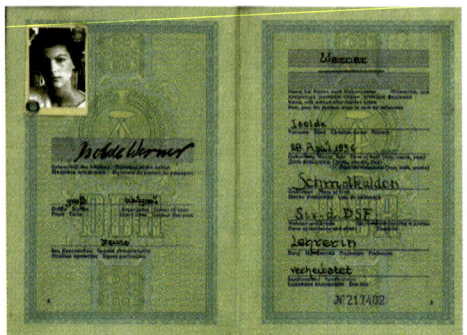

zwei Seiten. Als sie vor ihr standen, begann sie umständlich in allen Taschen nach der Fahrkarte zu suchen. Ihre Hände zitterten. Darf eine Schmalkalderin schwarz fahren? Beschmutzt man mit so einem Fehlverhalten nicht die Thüringer Heimat, brüskiert das bessere Deutschland und alle Männer und Frauen, die fleißig den Plan erfüllen, während man hier am Fuß der Alpen herumtändelt? Was, um Himmels willen, wenn sie dich als Kriminelle an die DDR ausliefern? Bautzen oder Strafversetzung in die Materialabrechnung? Oder werden sie dich sofort in die Partei drängeln, weil du denen keinen Groschen gabst, den Imperialistenknechten in den Dienstjacken?

»Wir haben Zeit«, entschied der eine.

»Viel Zeit«, ergänzte der andere.

Die beiden starrten ihr in jede Falte ihres Portemonnaies nach. »Na, was is denn dös, gute Dame!« wunderte sich der eine gütig und tippte auf den Rücken ihrer fraulichen Legitimation. Isolde zog den DFD-Ausweis. Die Herren betrachteten ihn eingehend.

»Aber das hätten Sie doch gleich sagen können«, flötete der andere. Dann zogen sie davon.

Als Isolde wieder in Schmalkalden war, wollte sie zum nächstmöglichen Termin den Demokratischen Frauenbund aufsuchen, der montags im »Patrizier« tagte. Sie wollte ihren Schwestern zurufen, welch eine Reputation ihre Organisation bei den einfachen Leuten und staatlichen Angestellten im Westen genieße und daß der Kampf, welcher auch immer, nicht vergebens sei. Freie Fahrt auf westdeutschen Bahnen – dafür lohne es sich doch, im DFD zu sein. Sie suchte den Monatsplan

Völlig mittellos war Isolde im Westen nicht. Ihr Staat hatte sie mit einer Überlebensbeihilfe aus dem Devisenfond großzügig ausgestattet.

Die Schwarzfahrt 155

»Aktivitäten unserer Frauen« hervor. Und da stand für Montag: »Kreuzstich einmal anders.«
Sie konnte aber überhaupt keinen Kreuzstich. Wie sollte sie ihn da anders können?

Viele Jahre später stand plötzlich ein alter Herr in Lodenjoppe und mit Gamsbarthütchen vor Isolde Werners Tür in der Haindorfsgasse. Das Haus, der alte Kasten – ob sie ihn nicht ganz schnell verkaufen wolle. Sie könne ihm vertrauen, schließlich sei das ein Geschäft quasi in Familie. Isolde bestritt jede verwandtschaftliche Bindung, undankbar und mißtrauisch, wie sie inzwischen geworden war.

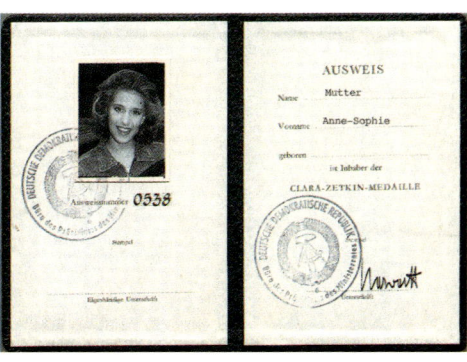

Den Clara-Zetkin-Orden erhielt man nur, wenn man Clara wenigstens etwas ähnlich sah oder versprach, ihr ähnlich zu werden. Für viele Frauen war das kein Problem.

Abschlußfrage:
Was bedeutete die Formulierung des VII. Parteitages der SED (Diskussionsbeitrag von Genn. Ilse Thiele, verkleidet als Genn. Inge Lange): »In der Regel tragen unsere Frauen stolz das Mitgliedsbuch des DFD«?
A   der DFD hilft über »die kritische Tage« hinweg
B   das Mitgliedsbuch des DFD – der Regelkalender
C   die Regel – Abweichung von der Ausnahme

Tafel XIV
Von der Wiege bis zur Bahre

Die DDR hat ein weltgeschichtlich einmaligen Organsiationsgrad ihrer Bevölkerung erreicht. Manchmal wußte der einzelne gar nicht mehr, wo er alles Mitglied war. Besonders nach der sog. Wende konnten sich viele nicht mehr recht erinnern.

Eine durchschnittliche Rentnerin, sofern sie unvorbereitet verstarb, mußte von den Hinterbliebenen in etwa sieben Organisationen abgemeldet werden, wobei der statutenmäßige Austritt jeweils zu begründen war. Besonders schwierig war der Austritt aus der Gesellschaft für Deutsch Sowjetische Freundschaft, weil sich DDR-Bürger auch über den Tod hinaus mit der ruhmreichen Sojwetunion verbunden fühlten.

Zahlreich waren die Vereinigungen, in denen man die Liebe zu anderen Völkern pflegte. Besonders zu den Russen und Polen. Das Interesse an diesen Leuten ist über die sogen. Wende hinaus wach geblieben. Sobald sie die Oder durchschwommen haben, werden sie von ehem. DDR-Bürgern abgetrocknet und behutsam in die liebevollen Hände der Polizei und des BGS übergeben.

Organisierte Bürger waren unschlagbar im Organisieren. Offen bleibt für die weitere historische Forschung allerdings die Frage, wieso dann trotzdem alles drunter und drüber ging.

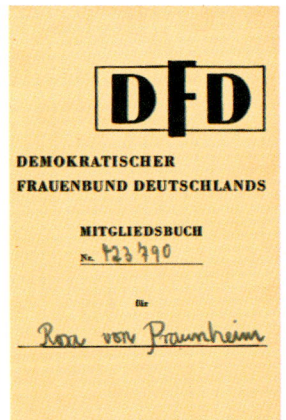

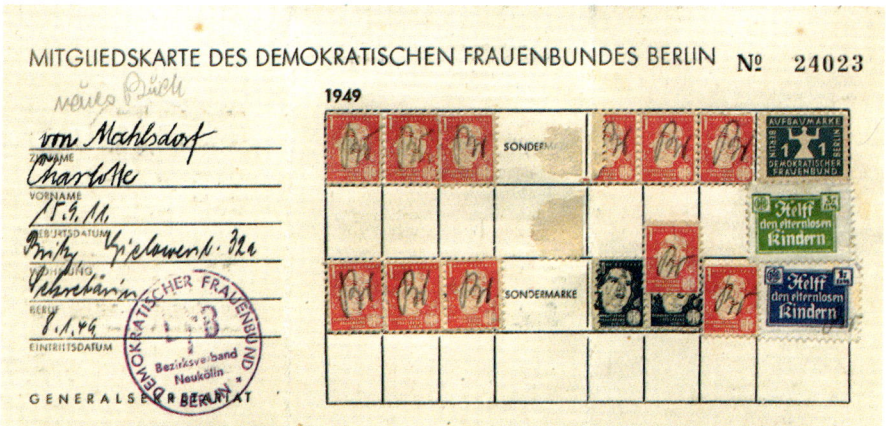

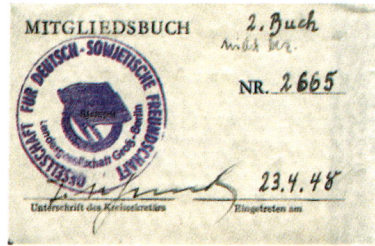

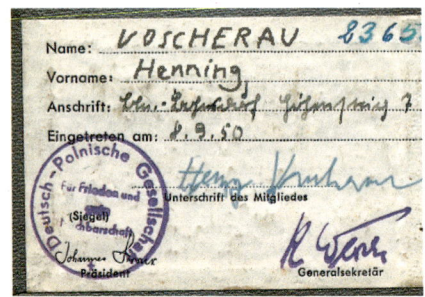

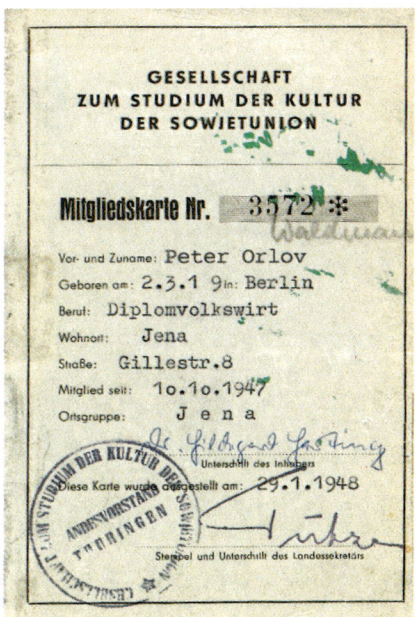

An die geneigte Leserschaft

Liebe Leserinnen und LeserInnen,

haben sie an unserem kleinen Wissenstest am Ende eines jeden Kapitels teilgenommen und etwa gar Freude daran gehabt? Dann gehören sie zu den Glücklichen, die einen originalen Personalausweis (DPA) der DDR gewinnen *können*!
Dieser Ausweis wird gegenwärtig bekanntlich zu einem Nennwert von 236,00 DM auf dem Schwarzmarkt und von 81,50 DM an der Tokioter Börse gehandelt. Er berechtigt zu freier Fahrt im ehem. Reichsbahngebiet mit dem Fahrrad und dem Tretroller. Persönlichkeiten aller Art, so beispielsweise der Bundeskanzler, der Papst und Dolly Buster, haben ihn bereits beantragt.

Das Antragsformular für den DPA für die Behörden der BRD finden Sie auf der diesem Buch vom Verlag umsichtigerweise beigelegten Karte.
Tragen Sie dort bitte auch ein, wie oft sie auf A, B oder C getippt haben! Unser Computer wird dann errechnen, ob Sie überhaupt Anspruch auf einen Gewinn haben.

Nun steht unserem Geschenk an Sie nichts mehr im Wege.